COZINHA RÁPIDA

30 minutos | 20 minutos | 10 minutos

COZINHA RÁPIDA

30 minutos | 20 minutos | 10 minutos

Pratos vegetarianos

Receitas de Sunil Vijayakar

PUBLIFOLHA

Título original: *Quickcook – Vegetarian*
Publicado originalmente no Reino Unido em 2012 pela Hamlyn,
uma divisão da Octopus Publishing Group Ltd. Endeavour House,
189 Shaftesbury Avenue Londres WC2H 8JY
www.octopusbooks.co.uk

COORDENAÇÃO DO PROJETO: PUBLIFOLHA
Editora-assistente: Fabiana Medina
Coordenação de produção gráfica: Mariana Metidieri
Produção gráfica: Rodrigo Andrade

Tradução: Daniela Corrêa de Sequeira
Consultoria: Diego Belda
Revisão: Laila Guilherme

EDIÇÃO ORIGINAL: OCTOPUS
Editora executiva: Eleanor Maxfield
Editora sênior: Leann Bryan
Editora de texto: Nikki Sims
Diretor de arte: Jonathan Christie
Design: www.gradedesign.com
Editores de arte: Juliette Norsworthy & Mark Kan
Direção de arte: Juliette Norsworthy e Tracy Killick
Fotógrafo: Craig Robertson
Consultora: Emma Lewis
Produção culinária: Isabel De Cordova
Produção: David Hearne

Dados Internacionais de Catalogação na Publicação (CIP)
(Câmara Brasileira do Livro, SP, Brasil)

Vijayakar, Sunil
Pratos vegetarianos / receitas de Sunil Vijayakar ; [traduzido por Daniela Corrêa de Sequeira]. – São Paulo : Publifolha, 2012. – (Cozinha rápida)

Título original: Quick cook vegetarian.
ISBN 978-85-7914-405-9

1. Alimentos vegetarianos 2. Culinária vegetariana 3. Vegetarianismo I. Título. II. Série.

12-10660 CDD-641.5636

Índices para catálogo sistemático:
1. Receitas : Culinária vegetariana : Economia 641.5636

Este livro segue as regras do Acordo Ortográfico da Língua Portuguesa (1990), em vigor desde 1º de janeiro de 2009.

Impresso na Hung Hing, China.

PUBLIFOLHA
Divisão de Publicações do Grupo Folha
Al. Barão de Limeira, 401, 6º andar
CEP 01202-900, São Paulo, SP
Tel.: (11) 3224-2182/ 2187/ 2197
www.publifolha.com.br

Observações

Para servir pessoas com restrições alimentares, como alérgicos a oleaginosas, celíacos, gestantes, lactantes, convalescentes, idosos, bebês e crianças pequenas, deve-se atentar aos ingredientes indicados nas receitas.

O Ministério da Saúde adverte que ovos não devem ser consumidos crus.

Colheres de medida padrão são usadas em todas as receitas:

1 colher (sopa) = 15 ml
1 colher (chá) = 5 ml

Fornos devem ser preaquecidos até a temperatura especificada. Se estiver usando um forno com ventilação, siga as instruções do fabricante para ajuste de tempo e temperatura. Ovos devem ser médios, a não ser quando indicado.

Sumário

Introdução 6
Galeria de receitas 12

Petiscos e aperitivos 20
Listas de receitas por tempo de preparo 22

Sopas e saladas deliciosas 66
Listas de receitas por tempo de preparo 68

Refeições para o dia a dia 120
Listas de receitas por tempo de preparo 122

Ocasiões especiais 174
Listas de receitas por tempo de preparo 176

Sobremesas de arrasar 226
Listas de receitas por tempo de preparo 228

Índice 280

Introdução

30 20 10 – Rápido, Mais Rápido, Muito Rápido

Este livro traz uma abordagem nova e flexível para cozinheiros atarefados planejarem as refeições, o que permite a escolha da receita mais adequada à sua disponibilidade de tempo. Aqui você encontra 360 pratos que inspiram e motivam a cozinhar todos os dias do ano. O tempo de preparo de todas as receitas é de, no máximo, 30 minutos. Algumas podem ser feitas em 20 minutos, e outras levam apenas 10 minutos, muitas delas aproveitando ingredientes que já estão prontos. Com algum planejamento, você pode tentar uma nova opção a cada dia e, aos poucos, montar um amplo repertório culinário.

Como usar este livro?

No início de cada capítulo, há uma lista de receitas separadas por tempo de preparo. Escolha um prato de acordo com o tempo que você tem disponível e vá direto para a receita certa.

Cada página traz, no topo, a receita principal, acompanhada da foto na página ao lado. Abaixo, há sempre duas opções de receitas que trazem uma base similar de ingredientes, mas oferecem diferentes tempos de preparo.

Se você gostar das combinações de ingredientes propostas em uma receita, pode preparar as outras versões. Se gostou da versão de 20 minutos do Ravióli com batata-doce, tomate e rúcula, mas tem apenas 10 minutos disponíveis, encontrará uma forma de prepará-lo usando ingredientes diferentes ou passos mais rápidos para agilizar.

Se você adora os ingredientes e sabores da receita de Macarrão udon com aspargos, de 10 minutos (pp. 218-9), por que não tentar algo mais substancial, como Lamen de udon, aspargos e feijão, de 20 minutos, ou não se aventurar a cozinhar uma versão mais elaborada, como as Bolinhos de udon com aspargos grelhados?

Quando quiser inspiração, pesquise entre as 360 receitas deliciosas e encontre algo que salte aos olhos. Então, prepare a versão mais adequada à sua disponibilidade de tempo.

Ou, para facilitar, consulte a galeria de receitas nas páginas 12 a 19, para ter uma visão por temas, tais como Maravilhas de uma panela só ou Clássicos infantis.

Cozinha Rápida Vegetariana

Já está comprovado que uma dieta rica em hortaliças frescas, legumes e cereais integrais é saudável. Assim, ciente de que a dieta abundante em proteínas de carne pode ser prejudicial à saúde e com a grande variedade de legumes sazonais à disposição, é fácil entender por que muitas pessoas optam por seguir uma dieta vegetariana, ainda que parcialmente.

A chave para uma alimentação vegetariana balanceada é simples: incluir nas refeições cereais integrais (arroz integral, cevada, milho, aveia e trigo sarraceno são boas opções), alimentos que contenham grãos integrais (pães, massas e cereais), legumes, alimentos ricos em proteínas, como lentilha, nozes e ovos, e uma grande quantidade de frutas e hortaliças frescas. Os laticínios – manteiga, queijo, creme de leite, iogurte etc. – ou alternativas não lácteas devem compor uma pequena parte da dieta, e bebidas com cafeína e álcool, assim como as guloseimas, devem ser consumidas com moderação.

Os carboidratos complexos são essenciais para obter energia. Suas fibras permitem que a energia dos açúcares naturais que contêm seja liberada gradualmente, ao contrário dos açúcares refinados, que são liberados rapidamente e provocam uma sensação de esgotamento assim que esse pico cessa. Os alimentos ricos em carboidratos complexos são aqueles que contêm grãos, como pão, macarrão e arroz integrais, cevada, milho, trigo sarraceno e feijão.

Uma dieta vegetariana saudável conta com alta quantidade de fibras, muito importantes para o funcionamento do trato intestinal, ajudando na prevenção de doenças como o câncer de intestino e outros problemas. Os alimentos ricos em fibras, como feijão, ervilha, hortaliças brássicas (entre elas repolho, brócolis e couve-de-bruxelas), aveia e trigo integral, também podem ajudar a diminuir o nível de colesterol no sangue, e, por isso, é recomendável incluí-los na dieta.

A proteína é essencial para a reparação dos tecidos do corpo, para o crescimento e a reprodução das células, especialmente para crianças em fase de crescimento e gestantes. No entanto, não são necessárias grandes quantidades de proteína, e é totalmente possível obter a quantidade recomendada em alimentos de origem não animal, como oleaginosas, sementes, derivados de soja, ervilha, feijão, grão-de-bico e lentilha.

Técnicas e dicas

A culinária criativa não é possível apenas para quem tem tempo disponível para cozinhar. As receitas deste livro podem ser feitas rapidamente com ingredientes vegetarianos e saudáveis e uma despensa bem abastecida.

As páginas a seguir apresentam uma ampla variedade de pratos vegetarianos deliciosos e rápidos de preparar, ótimos para quem tem uma vida ocupada. Essas receitas oferecem uma ótima chance para desenvolver a criatividade no menor tempo possível, explorando as inúmeras possibilidades de refeições sem carne, as quais não precisam mais ser insossas.

O uso de condimentos, temperos, ervas e especiarias pode incrementar suas refeições, dando a oportunidade de provar uma vasta gama de sabores, cores e texturas. Abasteça a despensa antes de começar a percorrer o variado e maravilhoso mundo da culinária vegetariana. A maioria dos supermercados vende tudo de que você precisa, mas também é interessante procurar lojas étnicas e de produtos naturais para conseguir os ingredientes mais exóticos.

Uma cozinha bem equipada vai ajudá-lo (e muito!) a economizar tempo ao preparar as receitas. Panelas de tamanhos variados, uma frigideira e um wok são essenciais, e um pilão e um mortar de boa qualidade podem ser muito úteis. Uma centrífuga de vegetais acelera a lavagem das folhas, e as balanças de cozinha ajudam a garantir bons resultados. Um processador de alimentos também é muito útil para misturar e picar os ingredientes rapidamente.

A seleção de ingredientes

O segredo para preparar refeições rápidas está em uma despensa bem abastecida com ingredientes que podem ser usados no dia a dia. Quando a seleção de mantimentos disponíveis é boa e variada, é possível optar por mais receitas para cozinhar a qualquer hora; por isso, lembre-se de verificá-la regularmente e reabastecê-la quando necessário.

Ingredientes básicos para a despensa

É sempre uma boa ideia ter massas secas de diversos formatos à disposição: linguine, espaguete, pappardelle, fusilli, penne e risoni resolvem a maioria das receitas.

Arroz (basmati, integral, de jasmim, arbóreo e para paella), triguilho, cuscuz marroquino, polenta e quinoa são ingredientes básicos ótimos que podem ser usados de diversas maneiras para preparar refeições rápidas e maravilhosas.

A farinha de trigo é essencial para molhos e massas, assim como a farinha de grão-de-bico, que é excelente para empanar legumes fritos. Os legumes de cozimento rápido que não requerem longos períodos de demolha – lentilhas verdes e vermelhas e ervilhas amarelas – são boas opções para criar deliciosos pratos vegetarianos; legumes em conserva ou congelados e feijões enlatados ou em caixinha são úteis para refeições preparadas em pouco tempo. Um bom estoque de feijão-vermelho, grão-de-bico, feijão-fradinho e feijão-branco também pode ser muito proveitoso.

Saudáveis, benéficas e deliciosas, as oleaginosas e sementes dão um colorido especial a muitos pratos, como saladas e refogados. Sementes de girassol, gergelim, castanha de caju, amêndoas, pistache e nozes são contribuições nutritivas para as refeições vegetarianas.

Saborosos e coloridos, os tomates pelados enlatados têm uma infinidade de usos e são um ótimo recurso para preparar molhos rápidos, curries e ensopados.

Os azeites de boa qualidade e os óleos de girassol, vegetais e de gergelim são ótimos para refogados e para auxiliar na cozinha de modo geral. Vinagres de vinho tinto, de vinho branco, balsâmicos, de maçã e de arroz são essenciais para a criação dos molhos rápidos para saladas e marinadas.

Temperos
Para variar os temperos, é importante ter na despensa um sortimento de ervas secas e frescas e especiarias. A lista é interminável, mas lembre-se de comprá-las em pequenas quantidades e usá-las no prazo de três meses, para aproveitar o máximo do sabor. Um bom estoque de ervas secas (manjericão, tomilho, orégano, estragão, alecrim e salsinha são um bom ponto de partida), especiarias (sementes de cominho, de coentro, de mostarda-preta, de cardamomo, cravo e canela em pau) e especiarias em pó (cominho, canela, coentro, pimenta vermelha em pó, páprica e açafrão) vai intensificar o sabor de suas receitas. O sal marinho e a pimenta-do-reino moída na hora também são essenciais.

Garanta uma seleção de temperos e condimentos para dar sabor instantâneo aos pratos. Molho de soja, molho de pimenta doce, tabasco e molho inglês são ingredientes que sempre devem estar presentes. Mel e melado são boas fontes de açúcar para se ter à mão, não só para deixar as receitas mais doces, como também mais saborosas.

Alimentos frescos
Manter uma geladeira bem abastecida permite a preparação de refeições vegetarianas saudáveis e saborosas em poucos minutos. O segredo é comprar regularmente produtos frescos que serão realmente utilizados, para minimizar o desperdício. Massas frescas, tofu, queijos, manteiga, leite, creme de leite fresco e ovos são sempre bons itens para ter na geladeira, assim como limão, limão-siciliano, pimenta vermelha, gengibre, cebolinha e ervas frescas.

Compre frutas e legumes da estação e, se possível, cultivados em sua região, pois assim serão muito mais saborosos do que os produzidos em estações anteriores ou que viajaram muitos quilômetros para chegar às prateleiras dos supermercados. Alho, cebola, batata, echalota, cenoura, além de outros tubérculos e a maior parte das frutas, duram alguns dias na despensa.

Delícias com queijo

Com o ingrediente mais acolhedor, estes pratos com queijo vão satisfazer e agradar.

Queijo de cabra assado com mel e pistache 24

Fondue de camembert com mel e nozes 36

Bolinhos de muçarela de búfala empanadas e aïoli 52

Bruschetta de queijo paneer temperado 56

Salada de melancia, azeitonas, vagem e feta 100

Salada de haloumi grelhado, pimentões mistos e rúcula 116

Couve-flor gratinada com queijo 156

Quesadillas de queijo defumado, pimentão e espinafre 164

Crepe italiano de aspargos e queijo fontina 180

Omelete-suflê de estragão e cheddar 188

Haloumi empanado em massa de cerveja 192

Suflê de brócolis e gorgonzola 210

Massas saborosas

Saudáveis e familiares, não existe refeição mais rápida que as massas.

Salada morna de penne com limão-siciliano e brócolis 94

Salada de tortellini de ricota 102

Orzo com molho cremoso de abobrinha 128

Salada de tagliati com gorgonzola, tomate-cereja e espinafre 140

Linguine ao pesto de pecorino e couve 144

Cavatappi com aspargos, vagem e pesto 148

Rigatoni com tomate fresco, pimenta vermelha, alho e manjericão 152

Pappardelle com tomate e berinjela 160

Salada asiática com sobá 168

Salada com tortellini, pimentão assado e rúcula 170

Tagliatelle com abóbora e sálvia 184

Ravióli com batata-doce, tomate e rúcula 190

Maravilhas de uma panela só

Pratos deliciosos e encorpados para salvar o dia

Tortilha de espinafre e batata 50

Sopa encorpada de cogumelos 74

Sopa de arroz oriental com ovo e verduras 84

Sopa de espinafre e lentilhas vermelhas 86

Omelete à moda grega 130

Chilli de mix de feijões 146

Huevos rancheros 150

Dahl de espinafre com tomate-cereja 154

Lamen com brócolis e cogumelos ao molho de feijão-preto 182

Ensopado malaio de coco e legumes 194

Crumble de feijão-branco, legumes e nozes 222

Crumble de amora 236

Clássicos infantis

Agrade os pequenos – e também os adultos – com estes clássicos ricos em frutas e legumes.

Tortilha de milho e feijão 40

Bolinhos de milho com guacamole 46

Rolinhos primavera de legumes 62

Pizza vegetariana 124

Arroz à jardineira 158

Folhado de pesto e antepasto 198

Ratatouille zás-trás 200

Panquecas de cebolinha e endro 212

Tortinhas rápidas de limão 230

Taça de mel, frutas vermelhas e iogurte 234

Rabanada com mirtilo e groselha 246

Fondue de chocolate com morango e marshmallow 258

Especiais condimentados

Estes pratos saborosos vão incrementar suas refeições.

Milho-verde grelhado com manteiga de ervas e pimenta 26

Salada de triguilho com pimentão assado e alface-romana 30

Cebola empanada com molho de hortelã e coentro 38

Bruschetta de tomate, feijão-branco e pimenta 42

Sopa picante de batata, coentro e aipo 70

Sopa de milho picante à moda jamaicana 82

Salada de milho tex-mex 162

Pad Thai de legumes 186

Nasi Goreng (arroz frito da Indonésia) 196

Refogado chinês picante de legumes e tofu 204

Salada rápida de ovos com molho curry 224

Abacaxi caramelizado com rum 260

Frutas favoritas

Em combinações nutritivas, aqui estão maneiras deliciosas de se alimentar.

Barquinhos de endívia com gorgonzola, pera e nozes 28

Sopa de beterraba e maçã 72

Salada de batata com frutas 106

Cuscuz marroquino com pimentão e limão em conserva 110

Salada de quinoa, abobrinha e romã 118

Pilaf picante com frutas 178

Risoto de limão-siciliano e ervas 216

Figos assados com calda de amaretto 232

Sorbet instantâneo de frutas vermelhas 248

Pavê de mascarpone com pêssego e framboesa 254

Cubos de melancia com limão e grenadine 268

Bolinhos de banana, coco e limão 274

Seleção de primavera

Aproveite tudo o que a estação tem a oferecer com estas receitas fabulosas.

Ovos à florentina 32

Sopa de alface, ervilha e estragão 76

Gaspacho verde 80

Salada Caesar vegetariana com croûtons de alho e ervas 92

Salada de pepino, tomate e arroz basmati 108

Curry verde de legumes 134

Cogumelos à moda rústica italiana com polenta 136

Panquecas cremosas de ervas e cogumelos 172

Salada de cuscuz marroquino com legumes assados 202

Salada de frutas vermelhas com suspiro 252

Taça de ruibarbo, laranja e gengibre 256

Bolo de morango 264

Delícias de outono

Os pratos perfeitos para confortar no friozinho do outono.

Rolinhos de berinjela com coalhada e tomate seco 34

Torradas de brioche com cogumelos cremosos 44

Minestrone encorpado 78

Cuscuz marroquino com legumes assados 96

Cozido de feijão-fradinho com legumes 126

Penne com beterraba e ervas 132

Salada de triguilho com ervas e grão-de-bico 166

Tagine marroquino de legumes 206

Refogado de berinjela e harissa 208

Crème brûlée de cereja e baunilha 238

Petit gâteau de chocolate 240

Scones com sorvete de creme e calda de chocolate 242

Petiscos e aperitivos

Listas de receitas por tempo de preparo

30

Queijo de cabra assado com mel e pistache 24
Fritada de milho e ervas 26
Endívia assada com gorgonzola 28
Salada de triguilho com pimentão assado e alface-romana 30
Ovos à florentina 32
Rolinhos de berinjela com coalhada e tomate seco 34
Penne ao molho de camembert e nozes 36
Cebola empanada com molho de hortelã e coentro 38
Tortilha de milho e feijão 40
Gratinado de feijão-branco e legumes 42
Risoto de estragão e cogumelos 44
Bolinhos de milho com guacamole 46
Rigatoni ao pesto de hortelã, azeitona e feta com legumes assados 48
Tortilha de espinafre e batata 50
Penne ao molho de muçarela de búfala 52
Blinis de batata com beterraba e cebolinha-francesa 54
Palak paneer 56
Batata rösti com salada de abacate, cebola roxa e tomate 58
Rigatoni com molho cremoso de abobrinha e milho ao forno 60
Rolinhos primavera de legumes 62
Ovos apimentados com alcaparras 64

20

Salada de queijo de cabra grelhado, pera, radicchio e pistache 24
Milho-verde grelhado com manteiga de ervas e pimenta 26
Cozido de endívia, feijão e gorgonzola 28
Assado de pimentão vermelho, triguilho e tomate 30
Tortilha de espinafre, aspargos e ovos 32
Salada de berinjela, feta e cuscuz marroquino 34
Fondue de camembert com mel e nozes 36
Panquecas picantes de grão-de-bico 38
Chips picantes de tortilha com dip de feijão cremoso 40
Bruschetta de tomate, feijão-branco e pimenta 42
Torradas de brioche com cogumelos cremosos 44
Bolinhos de ervilha com hortelã 46

10

Salada de feta grelhado, espinafre e pinholes 48

Ensopado de espinafre e batata 50

Bolinhas de muçarela de búfala empanadas e aiöli 52

Sopa de batata e cebolinha-francesa 54

Espetinho de queijo paneer 56

Salada de macarrão e salsinha 58

Bolinhos de milho e abobrinha 60

Macarrão tailandês com legumes refogados 62

Ovos mexidos apimentados 64

Torradas de queijo de cabra com pera e pistache 24

Sopa rápida de milho apimentada 26

Barquinhos de endívia com gorgonzola, pera e nozes 28

Salada de triguilho com legumes 30

Salada morna de aspargos com ovos fritos 32

Rolinhos de abobrinha com pimentão 34

Sanduíche aberto de camembert, nozes e tomates grelhados 36

Quiabo frito 38

Wrap de feijão e milho 40

Sopa de tomate e feijão apimentada 42

Sopa de cogumelos e estragão 44

Salada de milho, rúcula e abacate 46

Salada grega com torrada de pita 48

Refogado de espinafre e batata 50

Salada tricolore 52

Purê de batata com beterraba e cebolinha-francesa 54

Bruschetta de queijo paneer temperado 56

Caldo de batata com cebolinha 58

Salada de folhas mistas e milho 60

Arroz oriental 62

Ovos fritos com pão chapatti 64

30 Queijo de cabra assado com mel e pistache

4 porções

8 folhas de uva bem lavadas em água fria
manteiga derretida para untar
65 g de pistaches
4 queijos de cabra pequenos
4 colheres (chá) de vinho branco

Para a salada

1 dente de alho amassado
2 colheres (sopa) de vinagre de maçã
1 colher (sopa) de mel
6 colheres (sopa) de azeite extravirgem
2 peras sem caroço em fatias finas
2 radicchios pequenos desfolhados
sal e pimenta-do-reino moída na hora

- Seque delicadamente as folhas de uva. Em seguida, em uma superfície limpa, disponha quatro pares de folhas ligeiramente sobrepostas, de modo que acomodem os queijos de cabra. Pincele as folhas com um pouco de manteiga derretida. Triture bem os pistaches no processador até ficar granulado.
- Passe os queijos na manteiga derretida e em seguida cubra-os inteiramente com o granulado de pistache, colocando-os, um a um, no centro de cada par de folhas. Regue com o vinho, faça trouxinhas com as folhas de uva em torno deles e prenda com palitos de dente. Coloque-as em uma assadeira e leve ao forno preaquecido a 160 °C por 12-15 minutos.
- Enquanto isso, prepare a salada. Misture o alho, o vinagre, o mel, o sal e a pimenta em uma saladeira, regando-os com o azeite. Ao final, acrescente a pera e as folhas de radicchio.
- Sirva os queijos ainda nas trouxinhas de folhas de uva, para serem desembrulhados à mesa, acompanhados da salada.

---

10 Torradas de queijo de cabra com pera e pistache Esfregue 2 dentes de alho cortados ao meio em quatro fatias grandes de pão e regue cada uma com 1 colher (sopa) de azeite. Fatie uma pera e disponha os pedaços sobre o pão. Polvilhe cerca de 100 g de pistaches picados e cubra com 2 queijos de cabra pequenos em fatias finas. Deixe-os por 2-3 minutos em forno preaquecido até derreter o queijo. Sirva com salada de radicchio.

20 Salada de queijo de cabra grelhado, pera, radicchio e pistache Corte 300 g de queijo de cabra em fatias grossas. Misture as folhas de radicchio com 1 colher (sopa) de azeite e tempere. Corte 2 peras e distribua-as com o radicchio em quatro porções para servir. Reserve. Transfira as fatias de queijo de cabra para uma folha de papel-alumínio e asse por 2 minutos em forno preaquecido em temperatura média, até começar a derreter o queijo. Divida entre as quatro porções de salada, regue com 4 colheres (sopa) de azeite e duas colheres (sopa) de vinagre de maçã. Para finalizar, espalhe 100 g de pistaches picados sobre os pratos e regue com uma colher (sopa) de mel. Sirva imediatamente.

20 Milho-verde grelhado com manteiga de ervas e pimenta

4 porções
4 espigas de milho

Para a manteiga de ervas e pimenta
200 g de manteiga amolecida
6 colheres (sopa) de endro picado
2 pimentas vermelhas sem sementes (se preferir) e bem picadas

- Misture todos os ingredientes da receita de manteiga de ervas e pimenta e reserve.
- Corte cada espiga de milho em três pedaços iguais. Espete um palito de churrasco grosso em cada pedaço e coloque-os em uma grelha ou em uma frigideira quente, virando-os com frequência por 4-5 minutos até parecerem levemente tostados e com bolhas em algumas partes.
- Retire as espigas do fogo, pincele com a manteiga e sirva imediatamente.

10 Sopa rápida de milho apimentada

Adicione 400 g de milho em uma panela com 4 cebolinhas picadas, 1 pimenta vermelha sem sementes e picada em fatias finas, 100 ml de creme de leite e 500 ml de caldo de legumes. Deixe ferver, junte 2 colheres (sopa) de coentro picado e sirva imediatamente.

30 Fritada de milho e ervas

Fritada de milho e ervas Bata levemente 6 ovos em uma tigela, tempere e adicione 2 colheres (sopa) de coentro, endro e hortelã picados. Aqueça 2 colheres de azeite em uma frigideira antiaderente média com cabo refratário e adicione meia cebola pequena picada, 1 pimenta vermelha sem sementes e picada em fatias finas e 2 dentes de alho amassados. Refogue por 3-4 minutos e em seguida acrescente 400 g de grãos de milho frescos. Refogue por mais 2-3 minutos, despeje a mistura de ovos na frigideira e frite em fogo médio por 10 minutos ou até cozinhar por dentro. Em seguida, coloque a fritada por 4-5 minutos em forno preaquecido, até que a superfície fique dourada e pareça pronta. Retire do forno, corte em fatias e sirva.

10 Barquinhos de endívia com gorgonzola, pera e nozes

4 porções

1 pera madura cortada em fatias finas
2 colheres (sopa) de creme de leite fresco
65 g de gorgonzola em pedaços pequenos
20 folhas de endívia vermelha ou verde (ou uma mistura de ambas)
25 g de nozes tostadas e picadas
azeite

- Misture a pera, o creme de leite fresco e o gorgonzola em uma tigela pequena.
- Organize as folhas de endívia em uma travessa e distribua um pouco da mistura de pera sobre a superfície de cada folha.
- Polvilhe as nozes picadas, regue com um pouco de azeite e sirva.

20 Cozido de endívia, feijão e gorgonzola

Corte 4 cabeças de endívia em quartos no sentido do comprimento, separando a base. Derreta 100 g de manteiga em uma frigideira grande, adicione a endívia e refogue por 4-5 minutos até dourar. Adicione 2 alhos-porós em rodelas finas, 250 g de feijão-branco cozido sem o caldo (pode ser congelado, previamente preparado ou de caixinha), 200 ml de caldo quente de legumes, 2 colheres (chá) de açúcar, 100 g de gorgonzola em pedaços pequenos e 4 colheres (sopa) de creme de leite fresco. Deixe ferver, tampe e cozinhe por 6-8 minutos. Vire a endívia, aumente o fogo e mantenha durante 1-2 minutos, até o alho-poró ficar tenro e o molho engrossar. Sirva imediatamente com pão italiano.

30 Endívia assada com gorgonzola

Limpe as folhas de 8 cabeças de endívia vermelha. Coloque-as em uma assadeira na qual se encaixem perfeitamente, formando uma única camada. Regue com 6 colheres (sopa) de azeite e tempere a gosto. Espalhe cerca de 100 g de gorgonzola em pedaços pequenos e o suco de 1 limão-siciliano. Asse durante 20 minutos em forno preaquecido a 180 °C. Adicione 4 colheres (sopa) de nozes tostadas e sirva diretamente na assadeira, utilizando o caldo formado durante o cozimento.

30 Salada de triguilho com pimentão assado e alface-romana

4 porções

200 g de triguilho
1 colher (sopa) de purê de tomate
suco de 1½ limão-siciliano
5 colheres (sopa) de azeite extravirgem
1 pimenta vermelha sem sementes (se preferir) e cortada em fatias finas
200 g de pimentões vermelhos assados, em conserva, escorridos e picados
8 cebolinhas picadas em fatias finas
300 g de tomate em cubos
50 g de salsinha bem picada
25 g de hortelã bem picada
4 pés de alface-romana pequenos com as folhas separadas
sal

- Coloque o triguilho em uma tigela, regue com 125 ml de água fervente, mexa, tampe e deixe descansar por 10-15 minutos, até os grãos ficarem tenros.
- Adicione o purê de tomate, o suco de limão, o azeite, a pimenta vermelha e um pouco de sal ao triguilho e misture.
- Junte os pimentões vermelhos assados, a cebolinha e os tomates, além da salsinha e da hortelã, e misture bem.
- Disponha as folhas de alface em torno das bordas de um prato com a salada de triguilho no centro.

10 Salada de triguilho com legumes

Prepare a mistura de triguilho como descrito acima e coloque em uma saladeira. Escorra 200 g de berinjela, pimentões vermelhos assados e cogumelos (todos em conserva) e adicione-os ao triguilho. Finalize com 1 pimenta vermelha fatiada e 4 colheres (sopa) de salsinha picada, misture bem e sirva.

20 Assado de pimentão vermelho, triguilho e tomate

Prepare a mistura de triguilho como descrito acima e coloque-a em um refratário raso e médio com 200 g de pimentões assados, em conserva, escorridos e cortados em cubos. Em seguida, fatie 4 tomates italianos e coloque-os sobre o triguilho, cobrindo-o. Salpique 1 pimenta vermelha cortada em fatias finas e regue com 4 colheres (sopa) de azeite. Asse por 5 minutos em forno médio preaquecido. Acrescente 150 g de feta esfarelado e 8 azeitonas pretas sem caroço picadas. Retorne ao forno por 4-5 minutos até dourar o feta. Sirva imediatamente.

30 Ovos à florentina

4 porções

12 aspargos limpos
2 colheres (sopa) de manteiga, mais um pouco para untar
150 g de espinafre fresco
1 pitada de noz-moscada ralada na hora
2 muffins ingleses cortados ao meio e levemente tostados (ou pães de minuto previamente preparados)
1 colher (sopa) de vinagre de vinho branco
4 ovos grandes
8 colheres (sopa) de molho holandês ou bernáise pronto, para acompanhar
sal e pimenta-do-reino moída na hora

- Escalde os aspargos em água fervente por 2-3 minutos, escorra e mantenha-os quentes.
- Enquanto isso, derreta a manteiga em uma frigideira grande, junte o espinafre e refogue por 3 minutos até murchar. Tempere com noz-moscada, sal e pimenta-do-reino.
- Corte ao meio e pincele os muffins com manteiga pouco antes de servir.
- Prepare os ovos pochés: em uma panela com água e um pouco de sal, adicione vinagre e diminua o fogo. Faça um pequeno redemoinho na água com um garfo e quebre 2 ovos. Cozinhe por 3-4 minutos, retire-os cuidadosamente com uma escumadeira e repita a operação com os ovos restantes.
- Enquanto isso, aqueça o molho holandês ou bernáise, conforme as instruções da embalagem.
- Coloque o espinafre e um ovo cozido sobre cada muffin e regue com uma colher do molho. Polvilhe pimenta-do-reino moída na hora e sirva cada porção com 3 aspargos ao lado.

---

10 Salada morna de aspargos com ovos fritos Cozinhe 500 g de aspargos limpos em água fervente com um pouco de sal por 4-5 minutos. Escorra e coloque em uma tigela grande com 4 colheres (sopa) de azeite e misture bem. Enquanto isso, frite 4 ovos em uma frigideira antiaderente grande por 2-3 minutos. Divida os aspargos em quatro porções, espalhe 1 colher (sopa) de parmesão ralado sobre cada uma e coloque o ovo frito por cima. Sirva imediatamente.

20 Tortilha de espinafre, aspargos e ovos Bata 6 ovos com 12 folhas de manjericão picadas e tempere bem. Aqueça 2 colheres de azeite em uma frigideira grande com cabo refratário e adicione a mistura de ovos. Pique um punhado de folhas de espinafre, 12 aspargos e 1 tomate. Espalhe os aspargos, o espinafre e os tomates uniformemente sobre os ovos. Frite a tortilha por cerca de 6-8 minutos sem mexer e, em seguida, coloque por 3-4 minutos no forno médio preaquecido até dourar. Corte a tortilha em fatias e sirva com salada verde.

30 Rolinhos de berinjela com coalhada e tomate seco

4 porções

1 dente de alho amassado
3 colheres (sopa) de coalhada seca
200 g de feta amassado
6 colheres (sopa) de folhas de orégano fresco
2 berinjelas
azeite, para pincelar e regar
50 g de tomates secos
um punhado de manjericão
sal e pimenta-do-reino moída na hora

- Em uma tigela junte o alho, a coalhada, o feta e o orégano. Mexa bem, tempere a gosto e reserve.
- Enquanto isso, corte as berinjelas em fatias de 0,5 cm de espessura. Aqueça a frigideira tipo grill em fogo alto, pincele as fatias de berinjela com um pouco de azeite e grelhe, em levas, até ficarem marcadas e amolecerem.
- Espalhe a mistura de coalhada em cada fatia de berinjela e cubra com uma folha de manjericão e 1 tomate seco. Enrole as fatias, decore com folhas de manjericão, regue com um pouco de azeite e sirva.

10 Rolinhos de abobrinha com pimentão Substitua as berinjelas da receita anterior por 2 abobrinhas grandes e grelhe da mesma maneira. Substitua o orégano por folhas de hortelã picadas e os tomates secos por 50 g de pimentões vermelhos assados, em conserva e cortados em tiras. Decore com folhas de hortelã e sirva.

20 Salada de berinjela, feta e cuscuz marroquino Grelhe as berinjelas como na receita acima. Enquanto isso, coloque 150 g de cuscuz marroquino em uma tigela e cubra com água fervente. Deixe hidratar durante 10 minutos, ou até que o líquido seja completamente absorvido. Corte a berinjela em pedaços pequenos e coloque em uma saladeira com o cuscuz, 50 g de tomates secos, um punhado de folhas de manjericão e 200 g de feta em cubos. Regue com 3 colheres (sopa) de azeite e sirva em temperatura ambiente.

20 Fondue de camembert com mel e nozes

4 porções

1 camembert pequeno em caixa
3 nozes picadas grosseiramente
2 colheres (sopa) de folhas de tomilho e ramos para decorar
2 colheres (sopa) de mel
pão italiano e legumes crus, para acompanhar

- Remova o queijo da caixa e descarte qualquer papel ou embalagem plástica. Na sequência, retire a casca superior e coloque-o novamente na caixa.
- Polvilhe as nozes e o tomilho na superfície do queijo e regue com mel.
- Tampe a caixa do queijo e a coloque no centro de um forno preaquecido a 220 °C por 5-10 minutos. Dependendo do estado de maturação do queijo, ele ficará mole por dentro quando cozido.
- Decore com ramos de tomilho e sirva quente com pão italiano e legumes crus.

10 Sanduíche aberto de camembert, nozes e tomates grelhados Torre levemente quatro fatias grandes de pão italiano e regue cada uma delas com 1 colher (chá) de mostarda de Dijon. Fatie 2 tomates italianos e coloque-os sobre a mostarda. Disponha duas fatias de camembert sobre cada pedaço de pão e coloque em forno preaquecido até borbulhar. Espalhe 2 colheres (sopa) de nozes picadas e sirva imediatamente com salada.

30 Penne ao molho de camembert e nozes Cozinhe 375 g de penne, conforme as instruções da embalagem, escorra e mantenha quente. Enquanto isso, corte 2 dentes de alho e 4 cebolinhas, frite-os em uma frigideira grande com 1 colher (sopa) de azeite por 1-2 minutos e, em seguida, adicione 2 tomates picados e refogue por 5-6 minutos em fogo médio. Pique 2 colheres (sopa) de estragão e adicione ao tomate refogado. Coloque o penne escorrido na panela com 200 g de camembert picado, 100 g de nozes tostadas picadas e misture bem. Tempere e sirva em tigelas aquecidas.

30 Cebola empanada com molho de hortelã e coentro

4 porções

3-4 cebolas em rodelas
1 colher (chá) de pimenta vermelha em pó
1 colher (chá) de cúrcuma em pó
2 colheres (chá) de sementes de cominho
1 colher (sopa) de sementes de coentro trituradas
250 g de farinha de grão-de-bico
óleo vegetal, para fritar
sal marinho

Para o molho

8 colheres (sopa) de folhas de hortelã picadas bem fininhas
6 colheres (sopa) de coentro picado
250 ml de iogurte natural batido
1 colher (sopa) de suco de limão
1 colher (sopa) de geleia de hortelã

- Misture todos os ingredientes do molho em uma tigela, tempere bem e leve à geladeira até a hora de servir.
- Separe as cebolas cortadas em uma tigela grande. Adicione a pimenta em pó, a cúrcuma, o cominho, as sementes de coentro trituradas e tempere com sal marinho. Junte a farinha de grão-de-bico e misture aos poucos para empanar as cebolas. Em seguida, despeje um pouco de água fria sobre essa mistura em quantidade suficiente para fazer uma massa. Use as mãos para misturar bem.
- Coloque óleo vegetal em um quarto de uma panela funda e larga e ponha em fogo alto até atingir 180 °C (ou por 10-15 segundos, até que um cubo de pão fique dourado).
- Com uma colher, leve porções da mistura ao óleo, fritando--as em fogo médio-alto por 1-2 minutos até ficarem douradas e crocantes por fora. Retire com uma escumadeira e escorra em papel-toalha. Sirva imediatamente com o molho.

---

10 Quiabo frito

Coloque 65 g de farinha de grão-de-bico em uma tigela. Fatie 400 g de quiabo no sentido do comprimento e misture na farinha. Preencha cerca de 2,5 cm de uma panela grande com óleo vegetal e aqueça. Frite o quiabo até ficar crocante e dourado, mexendo de vez em quando. Retire com uma escumadeira e transfira para um prato forrado com papel-toalha. Polvilhe 1 colher (chá) de sal, pimenta vermelha em pó e manga desidratada (ou damascos secos) e misture bem. Sirva quente com pão.

20 Panquecas picantes de grão-de-bico

Coloque 150 g de farinha de grão-de-bico em uma tigela, adicione 250 ml de água e misture até obter uma massa lisa. Adicione meia colher (chá) de sal, pimenta-de-caiena e sementes de cominho, 1 cebola roxa picadinha, 1 colher (chá) de gengibre ralado, 4 pimentas verdes picadas, 4 dentes de alho picados e 2 colheres (sopa) de folhas de coentro picadas. Unte uma frigideira antiaderente grande com 1 colher (chá) de óleo vegetal e aqueça em fogo médio. Despeje cerca de 50 ml da massa no centro da frigideira quente. Faça uma panqueca com cerca de 20 cm de diâmetro. Tampe e frite por 3 minutos ou até dourar na parte inferior. Espalhe outra colher (chá) de óleo nas bordas da panqueca, vire-a e mantenha, sem tampar, por mais 1 minuto ou até dourar. Retire do fogo e cubra com um prato. Repita a operação com a massa restante até completar 8 panquecas. Sirva com iogurte e chutney de manga.

30 Tortilha de milho e feijão

4 porções

2 pimentões vermelhos sem sementes e picados
2 colheres (sopa) de azeite
400 g de tomates pelados em lata picados
500 g de feijão-fradinho cozido (sem o caldo)
400 g de milho-verde em conserva escorrido
½ colher (chá) de chilli em pó
4 tortilhas de milho grandes
200 g de cheddar ralado
1 colher (sopa) de folhas de coentro picadas, para decorar

Para servir (opcional)

creme de leite fresco com gotas de limão (sour cream)
polpa de 1 abacate ou avocado

- Coloque os pimentões picados e o azeite em uma panela grande, tampe e cozinhe por 5 minutos. Adicione o tomate, o feijão, o milho e o chilli em pó. Cozinhe, sem tampar, por 7-8 minutos, até que a mistura engrosse.
- Ponha uma tortilha em uma assadeira. Na sequência, recheie-a com um terço da mistura de feijão e um quarto do cheddar. Repita o procedimento até completar 3 camadas e finalize com a última tortilha. Polvilhe o queijo restante e deixe por 15 minutos em forno preaquecido a 190 °C.
- Enfeite com as folhas de coentro picadas e sirva com abacate e sour cream, se preferir.

---

10 Wrap de feijão e milho

Espalhe 2 colheres (sopa) de maionese em cada uma das 4 tortilhas de milho. Misture 1 lata de milho com 8 colheres (sopa) de feijão-fradinho. Divida a mistura sobre as tortilhas e polvilhe 1 colher (sopa) de cheddar ralado em cada uma. Enrole as tortilhas e sirva.

20 Chips picantes de tortilha com dip de feijão cremoso

Corte 4 tortilhas de milho em 12 pedaços. Coloque-os em uma assadeira grande, regue com um pouco de azeite, depois polvilhe 2 colheres (chá) de sementes de cominho e 2 colheres (chá) de páprica defumada. Asse por 8-10 minutos em forno preaquecido a 180 °C até ficarem crocantes. Enquanto isso, prepare o molho. Bata 800 g de feijão-fradinho cozido sem o caldo em um processador com 2 dentes de alho amassados, 6 colheres (sopa) de salsinha picada, 200 g de queijo cremoso com alho e ervas até ficar homogêneo. Tempere e sirva com os chips de tortilha.

20 Bruschetta de tomate, feijão-branco e pimenta

4 porções

3 colheres (sopa) de azeite extravirgem, mais um pouco para regar
2 colheres (chá) alecrim picado
1 pimenta vermelha picada
500 g de feijão-branco cozido (sem caldo)
2 colheres (sopa) de tomates secos picados
8 fatias de pão italiano amanhecido
2 dentes de alho partidos ao meio
sal marinho e pimenta-do-reino moída na hora

Para decorar

folhas de manjericão
gomos de limão-siciliano

- Aqueça o azeite em uma frigideira em fogo baixo. Adicione o alecrim e a pimenta e frite por alguns segundos até estalar. Junte o feijão e refogue por 2-3 minutos.
- Transfira a mistura para um processador e bata até ficar homogênea. Tempere com sal e pimenta e adicione os tomates secos picados.
- Aqueça uma frigideira e coloque as fatias de pão em fogo médio-alto até parecerem levemente tostadas. Esfregue alho no pão quente e regue com azeite. Polvilhe sal marinho a gosto e cubra com a pasta de feijão. Depois, acrescente também pimenta-do-reino moída e regue mais uma vez com azeite. Decore com folhas de manjericão e gomos de limão-siciliano.

10 Sopa de tomate e feijão apimentada

Prepare 2 pacotes de sopa de tomate instantânea (ou use a enlatada) e acrescente 1 pimenta vermelha picada e 250 g de feijão-branco sem o caldo. Deixe ferver e sirva bem quente com pão torrado.

30 Gratinado de feijão-branco e legumes

Cozinhe por 3-4 minutos 500 g de vegetais congelados (couve-flor, cenoura e brócolis, por exemplo) em uma panela grande com água fervente. Escorra, transfira para um prato raso refratário e adicione 400 g de molho de tomate pronto e 400 g de feijão-branco cozido (sem o caldo). Misture 200 g de pão fresco esmigalhado com 100 g de parmesão fresco ralado e cubra a mistura de hortaliças. Asse por 15-20 minutos em forno preaquecido a 200 °C até borbulhar e dourar. Sirva imediatamente.

20 Torradas de brioche com cogumelos cremosos

4 porções

8 fatias de brioche
150 g de manteiga
2 echalotas bem picadas
3 dentes de alho bem picados
1 pimenta vermelha sem sementes e bem picada (opcional)
300 g de cogumelos selvagens mistos (paris, portobello, shitake e shimeji) limpos e fatiados
4 colheres (sopa) de creme de leite fresco, mais um pouco para decorar (opcional)
2 colheres (sopa) de estragão picado
1 colher (sopa) de salsinha picada
sal e pimenta-do-reino moída na hora

- Toste levemente as fatias de brioche e mantenha-as aquecidas.
- Aqueça a manteiga em uma frigideira e refogue as echalotas, o alho e a pimenta, caso opte por usá-la, por 1-2 minutos. Depois, acrescente os cogumelos e refogue-os por 6-8 minutos em fogo médio. Tempere bem, retire do fogo, acrescente o creme de leite e as ervas picadas.
- Coloque os cogumelos sobre as torradas de brioche e sirva imediatamente. Adicione uma porção de creme de leite na hora de servir, se preferir.

10 Sopa de cogumelos e estragão

Prepare 2 embalagens de sopa instantânea de cogumelos com 600 g de cogumelos inteiros. Deixe ferver e cozinhe por 2-3 minutos até ficar bem quente. Misture 25 g de estragão picado e sirva imediatamente, decorada com salsinha picada.

30 Risoto de estragão e cogumelos

Ferva 1,2 litro de caldo de legumes e mantenha-o quente. Ao mesmo tempo, aqueça 2 colheres (sopa) de azeite em uma panela grande e adicione 1 cebola picada e 2 dentes de alho picados. Refogue-os em fogo brando por 2-3 minutos até ficarem tenros. Adicione 250 g de cogumelos variados (como indicado acima) e refogue por mais 2-3 minutos, até dourarem. Acrescente 375 g de arroz arbóreo e mexa bem para que ele incorpore o azeite. Despeje 150 ml de vinho branco seco e cozinhe. Junte uma concha do caldo quente e mantenha cozinhando, mexendo sempre, até absorver todo o líquido. Continue adicionando o caldo dessa forma, até que o arroz fique tenro. Finalize acrescentando 2 colheres (sopa) de estragão picado, salsinha e 40 g manteiga. Tempere bem e sirva com parmesão ralado na hora.

30 Bolinhos de milho com guacamole

4 porções

500 g de milho-verde fresco
4 cebolinhas bem picadas
2 ovos
5 colheres (sopa) de coentro picado, mais um pouco para decorar
125 g de farinha de trigo
1 colher (chá) de fermento em pó
sal e pimenta-do-reino moída na hora
óleo vegetal, para fritar

Para o guacamole

polpa de 2 abacates ou avocados maduros bem picada
4 colheres (sopa) de coentro picado, mais um pouco para decorar
2 colheres (sopa) de suco de limão
2 colheres (sopa) de cebola roxa picada
½ colher (chá) de tabasco

- Bata três quartos do milho, a cebolinha, os ovos, o coentro, a farinha e o fermento em pó em um processador até formar uma massa homogênea. Tempere e transfira para uma tigela grande. Adicione o milho restante e incorpore bem à massa.
- Aqueça 1 colher (sopa) de óleo vegetal em uma frigideira grande antiaderente em fogo médio-alto. Quando o óleo estiver quente, coloque colheres (sopa) cheias da massa na panela e frite em porções, dourando cada lado por 1 minuto.
- Escorra os bolinhos de milho em papel-toalha e mantenha-os quentes em forno preaquecido a 120 °C enquanto frita o restante.
- Para fazer o guacamole, coloque todos os ingredientes em uma tigela e misture bem.
- Sirva os bolinhos de milho quentes com guacamole e decore com as folhas de coentro.

10 Salada de milho, rúcula e abacate

Corte cada bolinho de milho em quartos e coloque em uma saladeira com o guacamole. Acrescente 75 g de folhas de rúcula e regue com cerca de 4 colheres (sopa) de azeite. Incorpore bem todos os ingredientes e sirva.

20 Bolinhos de ervilha com hortelã

Substitua, na receita de 30 minutos, o milho por ervilhas congeladas e o coentro por folhas de hortelã picadas e prepare da mesma maneira indicada. Acrescente 6 colheres (sopa) de iogurte natural ao guacamole e sirva com os bolinhos de ervilha com hortelã.

10 Salada grega com torrada de pita

4 porções

100 g de feta amassado em pedaços grandes
8-10 folhas de hortelã fresca picadas
100 g de azeitonas pretas sem caroço
2 tomates picados
suco de 1 limão-siciliano grande
1 cebola roxa pequena em fatias finas
1 colher (chá) de orégano seco
4 fatias de pita
gomos de limão-siciliano para servir

- Em uma tigela misture o feta, a hortelã, as azeitonas, os pedaços de tomate, o suco de limão, a cebola e o orégano.
- Toste as fatias de pita dos dois lados.
- Quebre as fatias do pão tostado em pequenos pedaços e misture-os com os outros ingredientes em uma tigela. Sirva com os gomos de limão.

---

20 Salada de feta grelhado, espinafre e pinholes

Salada de feta grelhado, espinafre e pinholes Coloque 200 g de feta em uma assadeira e polvilhe 1 colher (chá) de orégano desidratado. Asse por 5-6 minutos em forno preaquecido até o queijo dourar. Enquanto isso, coloque 300 g de espinafre em uma tigela grande com 1 cebola roxa em fatias, 2 tomates picados e 4 colheres (sopa) de pinholes torrados. Regue com 2 colheres (sopa) de vinagre de jerez (ou de vinho tinto) e 6 colheres (sopa) de azeite. Tempere bem e misture. Corte o feta grelhado em cubos pequenos, espalhe sobre a salada e sirva.

30 Rigatoni ao pesto de hortelã, azeitona e feta com legumes assados

Rigatoni ao pesto de hortelã, azeitona e feta com legumes assados Coloque em uma assadeira grande e antiaderente 1 pimentão vermelho e 1 amarelo sem sementes e cortados em pedaços de 2,5 cm, 1 berinjela média cortada em pedaços de 2,5 cm, 1 abobrinha cortada em cubos de 2,5 cm e 2 cebolas roxas pequenas descascadas e fatiadas. Regue com um pouco de azeite e tempere bem. Asse por 15-20 minutos em forno preaquecido a 200 °C, ou até as pontas dos legumes parecerem levemente tostadas. Enquanto isso, ferva a água com sal em uma panela grande e cozinhe 375 g de rigatoni, conforme as instruções da embalagem. Coloque 100 g de pinholes por 4-5 minutos em uma frigideira até dourarem, mexendo sempre para evitar que queimem. Para fazer o pesto, bata-os em um processador com 200 ml de azeite, 4 dentes de alho picados, 25 g de hortelã, folhas de manjericão picadas e 150 g de feta em pedaços. Acerte o tempero. Escorra a massa cozida, coloque-a novamente na panela com os legumes assados e 100 g de azeitonas pretas sem caroço. Misture o pesto e sirva imediatamente.

30 Tortilha de espinafre e batata

4 porções

3 colheres (sopa) de azeite
2 cebolas picadas
250 g de batata cozida, descascada e cortada em cubos de 1 cm
2 dentes de alho picados bem fininhos
200 g de espinafre cozido (escorrido e picado)
4 colheres (sopa) de pimentões vermelhos assados e picados
5 ovos batidos
3-4 colheres (sopa) de queijo manchego ou parmesão ralado
sal e pimenta-do-reino moída na hora

- Aqueça o azeite em uma frigideira antiaderente com cabo refratário e adicione as cebolas e as batatas. Refogue-as por 3-4 minutos em fogo médio até parecerem tenras, mas ainda não douradas.
- Adicione o alho, o espinafre e o pimentão e misture totalmente.
- Bata os ovos e tempere bem. Despeje-os na frigideira, mexendo com cuidado, para que a mistura seja distribuída de maneira uniforme. Frite em fogo brando por 8-10 minutos, ou até a tortilha ficar solta na frigideira.
- Polvilhe o queijo manchego ralado. Coloque a frigideira por 3-4 minutos no forno preaquecido médio e asse até a parte superior dourar.
- Retire do fogo, corte em pedaços pequenos e sirva quente ou morno.

---

10 Refogado de espinafre e batata

Refogado de espinafre e batata Aqueça 1 colher (sopa) de óleo vegetal em uma frigideira grande. Adicione 2 dentes de alho picados, 1 cebola picada bem fininha e 1 colher de curry em pó. Misture 100 ml de purê de tomate, 300 g de folhas de espinafre e 200 g de batata cozida em cubos. Refogue por 2-3 minutos em fogo alto até ficar bem quente. Tempere e sirva com pão italiano ou arroz.

---

20 Ensopado de espinafre e batata

Ensopado de espinafre e batata Aqueça 2 colheres (sopa) de azeite em uma panela e adicione 4 dentes de alho amassados, 1 cebola picada, 1 pimenta vermelha bem picada, 500 g de espinafre fresco picado e 2 batatas médias cortadas em cubos de 1 cm. Adicione 1 litro de caldo quente de legumes e uma pitada de açafrão. Deixe ferver e cozinhe por 12-15 minutos, até as batatas ficarem macias. Tempere e sirva com pão italiano ou arroz.

20 Bolinhas de muçarela de búfala empanadas e aïoli

4 porções

100 g de migalhas de pão branco fresco
raspas de 1 limão-siciliano
uma pitada de pimenta-calabresa em flocos
2 colheres (sopa) de folhas de tomilho fresco
50 g de farinha de trigo
2 ovos grandes batidos
300 g de bolinhas de muçarela de búfala escorridas
óleo vegetal, para fritar
sal e pimenta-do-reino moída na hora

Para o aïoli

6 colheres (sopa) de pesto pronto
200 g de maionese fresca
2 dentes de alho amassados

- Prepare o aïoli, misturando todos os ingredientes. Reserve.
- Em uma tigela média, misture as migalhas de pão, as raspas de limão, um pouco da pimenta-calabresa em flocos e uma pitada de tomilho. Tempere. Coloque a farinha numa segunda tigela e os ovos em uma terceira.
- Seque as bolinhas de muçarela com papel-toalha. Passe-as na farinha, depois nos ovos e, em seguida, nas migalhas de pão temperadas. Repita o procedimento para fazer uma camada dupla.
- Encha uma panela ou uma frigideira alta com óleo vegetal até a metade. Aqueça em fogo alto até atingir 180 °C ou o suficiente para um pedaço pequeno de pão ficar dourado em 10-15 segundos. Usando uma escumadeira, coloque as bolinhas de muçarela no óleo quente e frite por 3-4 minutos até dourarem. Retire e escorra em papel-toalha.
- Sirva imediatamente com o aïoli.

---

10 Salada tricolore

Corte 4 tomates e coloque em uma saladeira grande com um punhado de manjericão e 300 g de bolinhas de muçarela de búfala. Regue com 4 colheres (sopa) de azeite extravirgem e o suco de 1 limão-siciliano. Tempere bem e sirva com ciabatta.

30 Penne ao molho de muçarela de búfala

Penne ao molho de muçarela de búfala Cozinhe 375 g de penne. Enquanto isso, aqueça 500 ml de leite até borbulhar. Coloque 3 colheres (sopa) de maisena em um prato pequeno e adicione 6 colheres (sopa) do leite quente. Misture até formar uma pasta e, depois, coloque-a na panela com o restante do leite em fogo baixo, até engrossar. Adicione 150 g de muçarela de búfala picada e tempere bem com sal, pimenta-do-reino e noz-moscada ralada. Misture 4 colheres (sopa) de pesto fresco. Em uma panela separada, cozinhe até murchar 75 g de espinafre e escorra. Escorra o penne e adicione o molho de queijo. Misture o espinafre e uma pitada de pimenta-calabresa em flocos e transfira para um refratário para gratinar. Polvilhe 50 g de muçarela ralada e coloque no forno quente por 5 minutos ou até dourar e borbulhar. Sirva imediatamente.

30 Blinis de batata com beterraba e cebolinha-francesa

4 porções

200 g de purê de batata instantâneo
50 g de farinha de trigo com fermento
3 ovos grandes, claras e gemas separadas
2 colheres (sopa) de creme de leite fresco com gotas de limão (sour cream)
4 colheres (sopa) de endro picado
sal e pimenta-do-reino moída na hora

Para a cobertura

2 beterrabas cozidas, descascadas e bem picadinhas
6 colheres (sopa) de creme de leite fresco
1 colher (sopa) de molho de raiz-forte
sal e pimenta-do-reino moída na hora
cebolinha-francesa picada, para decorar

- Coloque o purê de batata em uma tigela. Incorpore a farinha, as gemas, o sour cream e o endro. Tempere bem.
- Bata as claras em neve e, com uma colher de metal, incorpore-as cuidadosamente à mistura de batatas.
- Aqueça um pouco de óleo em uma frigideira antiaderente. Adicione 3 ou 4 colheres da massa e frite em fogo médio os dois lados. Retire e mantenha-os aquecidos. Repita o processo até usar toda a massa.
- Enquanto isso, misture a beterraba, o creme de leite fresco e o molho de raiz-forte. Tempere bem.
- Para servir, coloque o molho de beterraba sobre os blinis, decore com cebolinha-francesa picada e pimenta-do-reino moída na hora.

---

10 Purê de batata com beterraba e cebolinha-francesa Escalde 50 g de couve picada bem fininha em água fervente por 1 minuto. Escorra e reserve. Pique 50 g de cebolinha--francesa e rale 2 beterrabas cozidas. Bata em um processador com a couve escorrida por 10-15 segundos. Enquanto isso, prepare 800 g de purê de batata instantâneo, conforme as instruções da embalagem, e transfira para uma tigela. Adicione o preparado de couve e 1 colher (sopa) de mostarda extraforte. Tempere e misture bem. Sirva bem quente com legumes de sua escolha cozidos no vapor.

20 Sopa de batata e cebolinha-francesa Derreta 2 colheres (sopa) de manteiga em uma panela e, quando borbulhar, refogue 1 cebola picada. Misture 425 g de purê de batata instantâneo e 900 ml de caldo quente de legumes. Deixe ferver e adicione 125 ml de leite. Bata a sopa com um mixer. Tempere a gosto. Acrescente 3 colheres (sopa) de endro e 3 de cebolinha-francesa bem picados. Tempere e sirva imediatamente com pão italiano.

10 Bruschetta de queijo paneer temperado

4 porções

200 g de paneer fresco ou feta picado
3 colheres (sopa) de cebola roxa picada
1 pimenta verde sem sementes e cortada em fatias finas
1 punhado grande de coentro fresco bem picado
150 g de tomates-cereja cortados em quartos
2 colheres (sopa) de azeite extravirgem, mais um pouco para regar (opcional)
suco e as raspas de 1 limão
12 fatias de ciabatta
sal e pimenta-do-reino moída na hora

- Coloque o queijo em uma tigela. Adicione a cebola, a pimenta, o coentro, os tomates, o azeite, o suco e as raspas de limão e tempere. Mexa bem e deixe descansar enquanto torra as fatias da ciabatta.
- Ponha o preparado de queijo sobre as fatias de ciabatta torradas e sirva imediatamente, regadas com azeite extravirgem, se preferir.

20 Espetinho de queijo paneer

Corte 500 g de queijo paneer em cubos. Misture 1 colher (sopa) de pimenta-do-reino com sal marinho e cubra o queijo uniformemente. Junte 2 colheres (sopa) de farinha de grão-de--bico, 2 colheres (chá) de sementes de cominho e 6 colheres (sopa) de creme de leite fresco. Cubra o queijo com esse creme e deixe marinar por 10 minutos. Distribua os cubos em quatro espetos de metal e toste em uma grelha ou chapa por 1-2 minutos de cada lado. Sirva com coentro picado e salada.

30 Palak paneer

Cozinhe 250 g de arroz basmati. Enquanto isso, branqueie em água fervente com sal 750 g de folhas de espinafre por 1-2 minutos até murcharem. Esfrie em água corrente e escorra. Depois, bata no liquidificador até obter um creme liso e reserve. Aqueça 3 colheres (sopa) de óleo vegetal em uma panela grande. Adicione 2 colheres (chá) de sementes de cominho e toste-as por 30 segundos, até ficarem perfumadas. Adicione 1 cebola picada e refogue por 5-6 minutos até ficar tenra. Adicione 1 colher (sopa) de gengibre ralado, 1 colher (sopa) de alho ralado e 1 pimenta verde picada e refogue por 1 minuto. Acrescente 2 colheres (chá) de coentro em pó e sal a gosto. Refogue por mais 30 segundos e adicione o creme de espinafre e 250 g de paneer em cubos, meia colher (chá) de garam masala e 4 colheres (sopa) de creme de leite fresco. Mexa e cozinhe até ficar cremoso. Coloque o suco de 1 limão--siciliano a gosto. Sirva com o arroz cozido.

30 Batata rösti com salada de abacate, cebola roxa e tomate

4 porções

875 g de batata cozida
6 cebolinhas picadas
2 dentes de alho bem picados
1 ovo grande batido
4 colheres (sopa) de óleo de girassol

Para a salada

2 tomates sem sementes e picados
1 pimenta vermelha sem sementes e picada bem fininha
1 cebola roxa pequena cortada ao meio e em fatias muito finas
4 colheres (sopa) de coentro fresco picado
polpa de 2 abacates ou avocado
suco de 2 limões
1 colher (sopa) de azeite extravirgem
gomos de limão, para servir

- Primeiro, prepare a salada, misturando todos os ingredientes em uma tigela. Tempere bem e reserve até a hora de servir.
- Descasque e rale as batatas. Adicione as cebolinhas, o alho, o ovo e misture com as mãos.
- Aqueça uma frigideira antiaderente grande em fogo alto e adicione metade do óleo.
- Divida o preparado de batata em 8 porções. Com a colher, coloque 4 porções no óleo e molde para que os röstis fiquem com cerca de 8-10 cm de diâmetro. Frite por 3-4 minutos de cada lado e, em seguida, transfira-os cuidadosamente para uma folha de papel-manteiga. Repita o procedimento com o restante do óleo.
- Sirva os röstis com a salada e os gomos de limão.

---

10 Caldo de batata com cebolinha Coloque 12 cebolinhas fatiadas, 400 g de batata cozida em cubos, 2 dentes de alho amassados, 4 colheres (sopa) de folhas de coentro picadas, 600 ml de caldo quente de legumes e 500 ml de leite em uma panela. Deixe ferver e cozinhe por 5-6 minutos até aquecer bem. Tempere e sirva imediatamente.

20 Salada de macarrão e salsinha Cozinhe 300 g de massa curta (ditalini, penne, farfalline, trofie, chifferi), conforme as instruções da embalagem. Enquanto isso, pique 4 tomates, 1 pimenta vermelha, 1 cebola roxa, 6 colheres (sopa) de folhas de coentro e coloque tudo em uma tigela grande. Adicione à tigela com a massa escorrida a polpa de 2 abacates ou avocados. Regue com 4 colheres (sopa) de azeite extravirgem e o suco de 2 limões. Tempere, misture bem e sirva.

20 Bolinhos de milho e abobrinha

4 porções
150 g de milho fresco
1 abobrinha ralada
1 colher (chá) de sementes de cominho
4 cebolinhas cortadas em fatias finas
3 colheres (sopa) de farinha de trigo com fermento em pó
2 ovos batidos
2 colheres (sopa) de coentro fresco
1 pimenta vermelha sem sementes e picada
óleo vegetal, para fritar
sal e pimenta-do-reino moída na hora

Para servir
guacamole pronto
gomos de limão

- Coloque o milho em uma tigela grande com a abobrinha, as sementes de cominho, a cebolinha, a farinha, os ovos, o coentro e a pimenta. Tempere e misture bem.
- Aqueça 1 colher (sopa) de azeite em uma frigideira grande antiaderente e frite, em porções, colheradas da mistura por 2-3 minutos de cada lado, até ficarem bem cozidas. Deve render 12 bolinhos (3 por porção).
- Sirva com o guacamole e os gomos de limão.

10 Salada de folhas mistas e milho

Coloque 400 g milho-verde em uma saladeira com 1 abobrinha ralada e 100 g de folhas verdes misturadas. Regue com 6 colheres (sopa) de molho de salada italiano pronto, tempere, misture bem e sirva.

30 Rigatoni com molho cremoso de abobrinha e milho ao forno

Cozinhe 250 g de rigatoni, conforme as instruções da embalagem, escorra-o e reserve em uma tigela grande. Enquanto isso, aqueça 2 colheres (sopa) de azeite em uma frigideira grande e refogue 1 cebola picada e 2 dentes de alho picados por 1-2 minutos. Adicione 1 abobrinha bem picada e 400 g de milho--verde. Refogue por pelo menos 1 minuto. Misture 200 ml de creme de leite fresco com 2 ovos batidos e 1 colher (sopa) de mostarda de Dijon. Tempere bem e adicione ao rigatoni com os legumes refogados e 4 colheres (sopa) de coentro fresco. Misture bem, transfira para um refratário raso e asse em forno preaquecido a 200 °C por cerca de 15 minutos. Retire do forno e sirva imediatamente.

30 Rolinhos primavera de legumes

4 porções

1 colher (sopa) de óleo de amendoim
2 dentes de alho bem picados
1 pedaço pequeno de gengibre fresco ralado
1 pimenta vermelha sem sementes e bem picada
300 g de seleta de legumes escorrida
1 colher (sopa) de shoyu
1 colher (sopa) de vinagre de vinho de arroz
4 folhas de massa pronta para rolinho primavera cortadas em 4 retângulos (15 x 12 cm)
50 g de manteiga com sal derretida
molho agridoce, para servir

- Aqueça um wok em fogo alto e adicione o óleo vegetal, o alho, o gengibre e a pimenta e refogue tudo por 30 segundos. Adicione a seleta de legumes, o shoyu e o vinagre e refogue por 1 minuto. Retire os legumes com uma escumadeira e deixe-os esfriar em uma tigela.
- Coloque uma colher da mistura de legumes no centro do retângulo de massa. Enrole e, em seguida, dobre cada lado não preenchido da massa para o centro. Continue enrolando como um cilindro e pincele manteiga para selar. Repita o procedimento com os retângulos restantes.
- Ponha os rolinhos primavera em uma assadeira e pincele com manteiga. Asse em forno preaquecido a 200 °C por cerca de 15 minutos até ficarem dourados e crocantes. Sirva quente com molho agridoce.

---

10 **Arroz oriental** Aqueça 2 colheres (sopa) de óleo de amendoim em um wok em fogo alto. Adicione 2 dentes de alho picados, 1 colher (chá) de gengibre ralado, 500 g de arroz branco cozido e 300 g de seleta de legumes. Refogue em fogo alto por 5-6 minutos até aquecer bem. Misture 6 colheres (sopa) de shoyu light, 1 colher (sopa) de óleo de gergelim e 1 colher (chá) de molho de pimenta. Retire do fogo, acrescente o suco de 1 limão e sirva imediatamente.

20 **Macarrão tailandês com legumes refogados** Cubra 250 g de macarrão de arroz com água fervente em uma tigela grande. Deixe por 5 minutos e escorra. Enquanto isso, adicione 1 colher (sopa) de óleo vegetal em um wok e coloque em fogo alto. Adicione 2 colheres (chá) de gengibre fresco ralado, 2 dentes de alho picados, oito fatias finas de cebolinha, 1 pimenta vermelha fatiada e refogue por 1 minuto. Adicione 300 g de seleta de legumes e mantenha por 3-4 minutos. Misture 4 colheres (sopa) de molho de pimenta doce e 4 colheres (sopa) de molho chinês hoisin com 4 colheres (sopa) de água e jogue no wok. Refogue por mais 3-4 minutos. Adicione o macarrão escorrido, 3 colheres (sopa) de hortelã picada e 3 colheres (sopa) de coentro picado e misture bem. Sirva imediatamente em tigelas rasas.

30 Ovos apimentados com alcaparras

4 porções

6 ovos
1 colher (chá) de páprica picante defumada, mais um pouco para polvilhar
3 colheres (sopa) de maionese
1 colher (chá) de mostarda forte
sal e pimenta-do-reino moída na hora

Para decorar

1 colher (sopa) de alcaparras pequenas
1 colher (sopa) de grãos de pimenta-rosa
raminhos de tomilho

- Ferva os ovos em água com um pouco de sal. Cozinhe por cerca de 10-15 minutos até ficarem com a gema firme. Retire-os da água e deixe esfriar.
- Retire as cascas e corte os ovos ao meio.
- Separe as gemas das claras e amasse-as em uma tigela pequena. Misture a páprica, a maionese, a mostarda e tempere bem.
- Retorne a mistura de gema às claras e enfeite com as alcaparras pequenas, a pimenta-rosa e raminhos de tomilho. Polvilhe páprica e sirva.

---

10 Ovos fritos com pão chapatti

Aqueça 2 colheres (sopa) de óleo de girassol em uma frigideira grande em fogo médio. Quebre 4 ovos grandes e frite-os por 2-3 minutos. Enquanto isso, aqueça 4 chapattis (pão indiano) no micro-ondas ou no forno quente. Coloque cada chapatti em um prato aquecido e cubra com 1 ovo frito. Tempere e polvilhe uma mistura de 2 colheres (chá) de pimenta--calabresa em flocos, 1 colher (chá) de páprica picante, 1 colher (sopa) de alcaparras pequenas e 2 colheres (sopa) de salsinha bem picadas.

20 Ovos mexidos apimentados

Derreta 2 colheres (sopa) de manteiga em uma frigideira e refogue 1 cebola bem picada e 3 dentes de alho picados por 4-5 minutos até ficarem tenros. Adicione 2 colheres (chá) de sementes de cominho, 1 colher (chá) de curry em pó, 1 colher (chá) de cúrcuma em pó, 1 pimenta vermelha picada e cozinhe por mais 4-5 minutos até liberarem seus aromas e ficarem bem misturadas. Adicione 2 tomates bem picados e cozinhe por mais 3-4 minutos, ou até ficarem tenros. Bata 8 ovos com 100 ml de creme de leite light em uma tigela e, em seguida, acrescente a mistura à panela e cozinhe, mexendo sempre, até os ovos atingirem o ponto. Enquanto isso, torre 4 fatias grandes de pão e as mantenha aquecidas. Misture 2 colheres (sopa) de coentro picado, coloque os ovos sobre as torradas e sirva imediatamente.

Sopas e saladas deliciosas

Listas de receitas por tempo de preparo

30

Sopa picante de batata, coentro e aipo 70

Assado de beterraba e maçã 72

Sopa encorpada de cogumelos 74

Tabule de quinoa e alface 76

Minestrone encorpado 78

Arroz pilaf picante com temperos verdes e nozes 80

Sopa de milho picante à moda jamaicana 82

Sopa de arroz oriental com ovo e verduras 84

Sopa de espinafre e lentilhas vermelhas 86

Escondidinho de grão-de--bico e espinafre 88

Espaguete com tomate-cereja, abacate e muçarela 90

Salada Caesar vegetariana com croûtons de alho e ervas 92

Rigatoni gratinado com brócolis e mix de vegetais 94

Cuscuz marroquino com legumes assados 96

Salada morna de ovos de codorna e arroz 98

Salada de quinoa com azeitonas, vagem e feta 100

Tortellini gratinado 102

Bocados de pão pita com homus e salada 104

Salada de batata com frutas 106

Arroz com queijo e legumes gratinado 108

Tagine de pimentões mistos 110

Curry picante de cogumelos e lentilha 112

Salada russa 114

Penne com haloumi, rúcula e tomate-cereja 116

Salada de quinoa com abobrinha e berinjela grelhadas 118

20

Refogado picante de batata e aipo 70

Sopa de beterraba e maçã 72

Omelete de cogumelos, alho-poró e estragão 74

Sopa de alface, ervilha e estragão 76

Fusilli com molho rico de tomate 78

Gaspacho verde 80

Guisado picante de milho 82

Yakisoba vegetariano 84

Curry de espinafre, tomate e coco 86

Salada de legumes e espinafre com molho de abacate 88

Salada colorida de abacate e cuscuz marroquino 90

Salada de penne à moda Caesar 92

Salada morna de penne com limão-siciliano e brócolis 94

10

Sopa árabe de abóbora e batata-doce 96

Salada de ovos de codorna com espinafre 98

Salada de melancia, azeitonas, vagem e feta 100

Brodo de tortellini de ricota 102

Salada fatouche 104

Gratinado de batata com mostarda e cebolinha 106

Linguine com tomate, pimenta e ervas 108

Cuscuz marroquino com pimentão e limão em conserva 110

Salada de lentilha, cogumelos e pimenta-cereja 112

Sopa cremosa de legumes mistos 114

Salada de haloumi grelhado, pimentões mistos e rúcula 116

Salada de quinoa, abobrinha e romã 118

Salpicão de aipo, cenoura e repolho à moda asiática 70

Salada de beterraba e maçã 72

Refogado de cogumelos 74

Salada de alface, ervilha, tomate e cebolinha 76

Salada de macarrão com feijão e espinafre 78

Salada de legumes verdes 80

Curry de milho e pimentão vermelho 82

Arroz oriental com salada verde asiática 84

Arroz com espinafre e lentilhas verdes 86

Sopa rústica de feijões mistos e espinafre 88

Ciabatta à italiana com tomate-cereja, abacate e muçarela 90

Salada crocante de alface com croûtons 92

Refogado rápido de brócolis e legumes 94

Sopa rápida de legumes assados com harissa 96

Ciabatta com ovos de codorna e salada 98

Salada marroquina de laranja e azeitonas pretas com feta 100

Salada de tortellini de ricota 102

Salada árabe de cuscuz marroquino 104

Salada de penne com frutas 106

Salada de pepino, tomate e arroz basmati 108

Caldo de legumes e cuscuz marroquino 110

Arroz com lentilha e cogumelos 112

Refogado de legumes coloridos 114

Wrap mediterrâneo de haloumi grelhado 116

Refogado de abobrinha e cebolinha 118

30 Sopa picante de batata, coentro e aipo

4 porções

1 cebola picada
2 colheres (sopa) de azeite
1 dente de alho picado
½ colher (chá) de cominho
½ colher (chá) de coentro
uma pitada de pimenta-calabresa em flocos
2 aipos pequenos descascados e picados
2 batatas médias descascadas e picadas
1 litro de caldo quente de legumes
25 g de coentro picado
4 colheres (sopa) de creme de leite fresco, para servir
sementes de cominho tostadas, para decorar

- Coloque a cebola e o azeite em uma panela com o alho, o cominho, o coentro e uma pitada de pimenta em flocos. Refogue em fogo médio por 1 minuto.
- Adicione o aipo e a batata, cubra com o caldo quente de legumes e deixe ferver. Cozinhe por 15-20 minutos, até os legumes ficarem tenros.
- Junte o coentro picado e bata com um mixer até a mistura ficar lisa.
- Sirva em tigelas aquecidas com bastante creme de leite fresco e sementes de cominho torradas.

---

10 Salpicão de aipo, cenoura e repolho

à moda asiática Em uma tigela grande, misture 1 aipo ralado, 2 cenouras raladas, meio repolho-roxo finamente picado e um punhado grande de folhas de coentro picadas. Junte 100 ml de creme de leite fresco com 10 colheres (sopa) de maionese, 1 colher (chá) de cominho, coentro em pó, pimenta em flocos e o suco de 2 limões. Tempere, despeje sobre a salada, mexa bem e sirva.

20 Refogado picante de batata e aipo

Aqueça 4 colheres (sopa) de óleo vegetal em uma frigideira grande ou wok e adicione 1 cebola picada, 1 dente de alho picado, 1 colher (chá) de cominho, sementes de coentro trituradas no pilão e 1 pimenta vermelha picada. Refogue em fogo médio por 2-3 minutos. Acrescente 1 batata grande e 1 aipo grande ralados. Mantenha-os em fogo alto por 10-12 minutos até ficarem cozidos e tenros. Retire do fogo e acrescente um punhado grande de coentro picado. Tempere e sirva.

20 Sopa de beterraba e maçã

4 porções

1 colher (sopa) de azeite
1 colher (sopa) de manteiga
2 maçãs verdes descascadas, sem sementes e picadas
1 maçã fuji descascada, sem sementes e picada
625 g de beterraba cozida e picada
2 colheres (chá) de sementes de cominho
4 ou 5 ramos de tomilho fresco
1,5 litro de caldo de legumes
sal e pimenta-do-reino moída na hora
creme de leite fresco, para servir
endro picado, para decorar

- Aqueça o azeite e a manteiga em uma panela e frite as maçãs por 2-3 minutos até dourarem. Adicione a beterraba, as sementes de cominho, o tomilho e refogue por 1-2 minutos.
- Adicione o caldo à mistura, deixe ferver e cozinhe por 10 minutos.
- Em um liquidificador (ou com um mixer) bata a sopa até ficar espessa e tempere a gosto.
- Sirva em cumbucas ou tigelas para sopas. Desenhe uma espiral com o creme de leite no centro. Decore com endro picado e pimenta-do-reino moída na hora.

10 Salada de beterraba e maçã

Corte 6 beterrabas grandes cozidas em fatias pequenas, disponha em um prato de salada com 4 maçãs cortadas e sem sementes e as folhas de 2 endívias vermelhas. Misture 5 colheres (sopa) de azeite com 2 colheres (sopa) de vinagre de maçã, 1 colher (chá) de mel, 1 colher (chá) de folhas de tomilho, meia colher (chá) de sementes de cominho e 1 colher (chá) de mostarda de Dijon. Tempere e regue a salada com esse molho. Misture bem e sirva.

30 Assado de beterraba e maçã

Fatie 6 beterrabas grandes cozidas e coloque-as em uma assadeira com 6 maçãs descascadas, cortadas e sem sementes. Regue com 4 colheres (sopa) de azeite e adicione 4 raminhos de tomilho. Salpique 2 colheres (chá) de sementes de cominho e asse por 15-20 minutos. Sirva imediatamente com arroz ou cuscuz.

30 Sopa encorpada de cogumelos

4 porções

25 g de manteiga
1 cebola grande picada
1 alho-poró em fatias finas
2 dentes de alho amassados
300 g de cogumelos portobello picados grosseiramente
2 colheres (sopa) de farinha de trigo
500 ml de caldo de legumes
400 ml de leite
1 colher (sopa) de estragão picado
sal e pimenta-do-reino moída na hora
pão italiano, para servir

- Em uma panela em fogo baixo, derreta a manteiga e refogue a cebola, o alho-poró e o alho até ficarem tenros.
- Aumente o fogo e acrescente os cogumelos à panela, misturando bem. Salteie e refogue por 2-3 minutos.
- Junte a farinha e mantenha cozinhando por 1 minuto.
- Retire a panela do fogo e adicione o caldo pouco a pouco, mexendo bem.
- Quando todos os ingredientes forem adicionados, retorne a panela ao fogo e cozinhe por alguns minutos.
- Despeje o leite e ferva. Junte o estragão picado e tempere a gosto.
- Distribua a sopa em tigelas e sirva com pão.

---

10 Refogado de cogumelos

Aqueça 2 colheres (sopa) de manteiga em uma frigideira grande e adicione 300 g de shitake picado, 2 dentes de alho picados, 1 cebola fatiada e 1 alho-poró fatiado. Frite em fogo alto por 6-8 minutos, retire do fogo, junte 4 colheres (sopa) de shoyu light e sirva com noodles ou arroz.

20 Omelete de cogumelos, alho-poró e estragão

Aqueça 2 colheres (sopa) de manteiga em uma frigideira antiaderente com cabo refratário e adicione 1 alho-poró picado, 2 dentes de alho picados e 300 g de shitake picado. Refogue por 2-3 minutos e, em seguida, acrescente 6 ovos batidos. Tempere, polvilhe 1 colher (sopa) de estragão picado e frite por 6-8 minutos, até que a base pareça pronta. Preaqueça o forno para levar a frigideira por 3-4 minutos, até a omelete dourar e crescer. Sirva imediatamente com pão italiano e salada.

20 Sopa de alface, ervilha e estragão

4 porções

2 colheres (sopa) de manteiga
8 cebolinhas limpas e fatiadas
750 g de ervilhas congeladas
1 colher (sopa) de folhas picadas de estragão
1 alface-romana bem picada
1 litro de caldo quente de legumes
2 colheres (sopa) de creme de leite fresco
sal e pimenta-do-reino moída na hora
raminhos de estragão, para decorar (opcional)

- Derreta a manteiga em uma panela grande em fogo médio. Adicione as cebolinhas e refogue por 2 minutos.
- Junte as ervilhas, meia colher (sopa) de estragão e a alface. Refogue por 1 minuto.
- Adicione o caldo, deixe ferver, tampe e cozinhe por 5 minutos até ficar tenro.
- Despeje a sopa em um liquidificador, adicione o restante do estragão e bata até ficar homogênea. Tempere a gosto.
- Distribua a sopa em 4 tigelas, faça uma espiral com o creme de leite no centro de cada porção e polvilhe pimenta-do--reino. Decore com raminhos de estragão, se preferir.

---

10 Salada de alface, ervilha, tomate e cebolinha Separe as folhas de 2 pés de alface-romana lavados e coloque em uma saladeira grande e larga com 8 cebolinhas em fatias, 4 rodelas de tomate, 500 g de ervilhas e 12 rabanetes fatiados. Faça o molho misturando o suco de 1 limão--siciliano, 6 colheres (sopa) de azeite, 1 colher (chá) de mostarda de Dijon, 2 colheres (sopa) de estragão picado e 2 colheres (chá) de mel. Tempere e despeje sobre os ingredientes da salada. Misture bem e sirva.

---

30 Tabule de quinoa e alface Coloque 200 g de quinoa em uma panela e frite a seco por 2-3 minutos. Adicione 600 ml de caldo quente de legumes e deixe ferver, sempre mexendo para misturar bem. Na sequência, reduza o fogo e cozinhe por 15-20 minutos, até que todo o líquido seja absorvido. Enquanto isso, corte as folhas de 1 pé de alface-romana e as disponha em uma saladeira larga com 6 cebolinhas bem picadas, 4 colheres (sopa) de estragão picado, 4 colheres (sopa) de salsinha picada e 400 g de ervilhas. Transfira a quinoa para a tigela e regue com 5 colheres (sopa) de azeite e com o suco de 1 laranja. Tempere, misture bem e sirva.

30 Minestrone encorpado

4 porções

3 cenouras picadas
1 cebola roxa picada
6 talos de aipo picados
2 colheres (sopa) de azeite
2 dentes de alho amassados
200 g de batata descascada e cortada em cubinhos de 1 cm
4 colheres (sopa) de purê de tomate
1,5 litro de caldo de legumes
400 g de tomates pelados em lata picados
150 g de macarrão curto para sopa (opções: conchinha ou ditalini)
400 g de feijão-branco cozido sem o caldo
100 g de espinafre
sal e pimenta-do-reino moída na hora

- Bata a cenoura, a cebola e o aipo em um processador até ficarem bem picados.
- Aqueça o azeite em uma panela grande, adicione os legumes picados, o alho, a batata, o purê de tomate, o caldo de legumes, os tomates e o macarrão. Deixe ferver, reduza o fogo e cozinhe tampado por 12-15 minutos.
- Acrescente o feijão-branco e o espinafre quando faltarem 2 minutos para finalizar o cozimento.
- Tempere a gosto e sirva com pão italiano.

---

10 Salada de macarrão com feijão e espinafre Escorra 400 g de feijão-branco em lata e coloque em uma tigela grande com 100 g de espinafre, 2 cenouras raladas, meia cebola roxa em fatias finas, 200 g de macarrão curto cozido. Despeje 6 colheres (sopa) de molho italiano pronto para salada, misture bem e sirva.

20 Fusilli com molho rico de tomate Aqueça 2 colheres (sopa) de azeite em uma frigideira grande e adicione 2 dentes de alho picados, 1 cebola roxa picada, 2 talos de aipo picados, 1 cenoura picada e 400 g de tomates pelados em lata picados. Deixe ferver e cozinhe por 12-15 minutos. Enquanto isso, cozinhe 375 g de fusilli, conforme as instruções da embalagem. Acrescente ao refogado 100 g de espinafre e 200 g de feijão-branco cozido sem o caldo. Tempere bem e sirva com o fusilli e parmesão ralado na hora.

20 Gaspacho verde

4 porções

2 talos de aipo com as folhas
1 pimentão verde pequeno sem as sementes
1 pepino grande descascado
3 fatias de pão branco amanhecido sem casca
1 pimenta verde sem as sementes
4 dentes de alho
1 colher (chá) de mel
150 g de nozes levemente tostadas
200 g de espinafre
50 g de folhas de manjericão
4 colheres (sopa) de vinagre de maçã
250 ml de azeite extravirgem, mais um pouco para regar
6 colheres (sopa) de iogurte natural
475 ml de água gelada
um punhado de cubos de gelo
sal e pimenta-do-reino moída na hora
croûtons prontos, para servir

- Pique o aipo, o pimentão, o pepino, o pão, a pimenta e o alho.
- Coloque tudo no liquidificador e adicione o mel, as nozes, o espinafre, o manjericão, o vinagre, o azeite, o iogurte, a maior parte da água gelada e dos cubos de gelo e tempere bem. Bata a sopa até ficar bem homogênea. Adicione mais água gelada, se necessário, para atingir a consistência desejada.
- Prove e ajuste o tempero.
- Sirva em canecas para sopa ou tigelas geladas e decore com croûtons e um fio de azeite.

---

10 Salada de legumes verdes Coloque 4 talos de aipo cortados bem finos, 1 pepino em fatias, 1 pimentão verde em fatias finas e 100 g de espinafre em uma tigela grande. Prepare o molho de salada misturando 150 ml de iogurte natural em uma tigela com o suco de 1 limão, 1 dente de alho amassado, 1 colher (chá) de mel e 1 pimenta verde bem picada. Regue sobre a salada e espalhe um pequeno punhado de croûtons prontos antes de servir.

30 Arroz pilaf picante com temperos verdes e nozes Aqueça 3 colheres (sopa) de azeite em uma panela e adicione 4 dentes de alho amassados, 1 pimentão verde picado, 2 pimentas verdes picadas e 8 cebolinhas em fatias. Refogue por 5-6 minutos. Acrescente 200 g de espinafre picado e 2 colheres (chá) de sementes de cominho. Refogue por cerca de 3-4 minutos, até murchar o espinafre. Adicione 500 g de arroz basmati cozido, tempere bem e refogue por 3-4 minutos até aquecer bem. Sirva imediatamente decorado com 100 g de nozes tostadas e picadas.

30 Sopa de milho picante à moda jamaicana

4 porções

1 colher (sopa) de azeite
1 cebola grande bem picada
2 dentes de alho bem picados
1 colher (chá) de pimenta-de--caiena
200 g de lentilhas vermelhas
1 litro de caldo quente de legumes
400 ml de leite de coco
1 pimenta scotch bonnet inteira
1 colher (sopa) de tomilho
200 g de batata descascada e cortada em cubos de 1 cm
200 g de cenoura descascada e cortada em cubos de 1 cm
400 g de milho-verde
2 pimentões vermelhos cortados em cubos de 1 cm
sal e pimenta-do-reino moída na hora
coentro picado, para decorar

- Aqueça o azeite em uma panela e refogue a cebola e o alho por 2-3 minutos.
- Aumente o fogo, adicione a pimenta-de-caiena, as lentilhas vermelhas, o caldo de legumes, o leite de coco, a pimenta scotch bonnet (é recomendável usar luvas, essa é muito ardida), o tomilho, a batata e a cenoura. Deixe ferver e cozinhe por 15-20 minutos.
- Tempere e adicione o milho e o pimentão vermelho nos últimos 3 minutos de cozimento.
- Retire a pimenta scotch bonnet, distribua a sopa em tigelas aquecidas e sirva decorada com coentro picado e pimenta--do-reino.

10 Curry de milho e pimentão vermelho

Aqueça 1 colher (sopa) de azeite em uma panela, refogue, por 1-2 minutos, 1 cebola picada, 2 dentes de alho picados, 625 g de milho e 2 pimentões vermelhos bem picados. Adicione 1 colher (sopa) de curry suave em pó e 600 ml de leite de coco. Deixe ferver. Cozinhe por 3-4 minutos, retire do fogo e acrescente 4 colheres (sopa) de coentro fresco picado. Sirva com arroz.

20 Guisado picante de milho

Aqueça 1 colher (sopa) de azeite numa frigideira grande. Adicione 1 cebola picada, 2 dentes de alho picados, um quarto de pimenta scotch bonnet picada e 1 colher (chá) de pimenta-de-caiena. Refogue por 1-2 minutos e, em seguida, junte 200 g de batata e 200 g de cenoura, ambas raladas, 500 g de milho e 1 pimentão vermelho bem picado. Adicione 200 ml de leite de coco, misture e cozinhe em fogo alto por 10 minutos, ou até o líquido evaporar e os legumes ficarem tenros. Enfeite com coentro fresco picado e sirva com pão italiano e um ovo frito, se preferir.

30 Sopa de arroz oriental com ovo e verduras

4 porções

4 cebolinhas picadas
100 g de couve-chinesa picada grosseiramente
2 colheres (sopa) de óleo vegetal
1 pedaço de 2,5 cm de gengibre ralado
2 dentes de alho bem picados
200 g de arroz de jasmim
100 ml de vinho de arroz
2 colheres (sopa) de shoyu
1 colher (chá) de vinagre de vinho de arroz
1 litro de caldo quente de legumes
4 ovos
1 colher (sopa) de azeite aromatizado com pimenta, para regar

- Corte as cebolinhas em fatias finas, mantendo as partes brancas e verdes separadas. Misture as partes verdes com a couve-chinesa em uma tigela e reserve.
- Aqueça o óleo em uma panela. Quando estiver bem quente, adicione as partes brancas da cebolinha, o gengibre e o alho e refogue por 2-3 minutos.
- Adicione o arroz, mexa, junte o vinho e deixe ferver por cerca de um minuto.
- Incorpore o shoyu, o vinagre, o caldo e cozinhe por 10-12 minutos. Em seguida, junte as cebolinhas reservadas com a couve-chinesa e cozinhe por mais 2-3 minutos. Enquanto isso, prepare os ovos pochés, dois por vez.
- Para servir, divida a sopa em 4 porções e coloque um ovo poché em cada uma. Regue com o azeite de pimenta.

---

10 Arroz oriental com salada verde asiática Coloque 300 g de couve-chinesa escaldada e picada em uma saladeira com 6 cebolinhas fatiadas e 500 g de arroz de jasmim cozido. Para o molho, misture 1 dente de alho amassado, 1 colher (chá) de gengibre ralado, um quarto de colher (chá) de azeite de pimenta, 2 colheres (sopa) de shoyu light, suco de 2 limões, um pouco de vinagre de vinho de arroz e 4 colheres de óleo vegetal. Tempere e misture bem antes de servir.

20 Yakisoba vegetariano Aqueça 2 colheres (sopa) de óleo vegetal em um wok grande e adicione 8 cebolinhas cortadas em fatias, 1 pimentão vermelho fatiado, 2 dentes de alho picados e 1 colher (chá) de gengibre ralado. Refogue em fogo médio por 3-4 minutos. Adicione 400 g de couve-chinesa picada e refogue por mais 2-3 minutos. Em uma tigela misture 1 colher (sopa) de maisena com 6 colheres (sopa) de shoyu light, 100 ml de caldo de legumes, 1 colher (chá) de azeite de pimenta e 4 colheres (sopa) de vinagre de vinho de arroz. Despeje tudo no wok, cozinhe no fogo alto por 2-3 minutos. Adicione 400 g de macarrão instantâneo cozido, misture bem e aqueça. Sirva imediatamente.

30 Sopa de espinafre e lentilhas vermelhas

4 porções

250 g de lentilhas vermelhas
3 colheres (sopa) de óleo de girassol
1 cebola grande bem picada
2 dentes de alho amassados
1 pedaço de 2,5 cm de gengibre fresco ralado
1 pimenta vermelha sem sementes e picada, mais para decorar
1 colher (sopa) de curry em pó médio
300 ml de caldo quente de legumes
200 g de tomates pelados em lata
100 g de espinafre
25 g de folhas de coentro picadas, mais algumas para decorar
100 ml de leite de coco
sal e pimenta-do-reino moída na hora
4 colheres (sopa) de iogurte natural, para servir

- Coloque as lentilhas em uma panela média e complete com 900 ml de água fria. Deixe ferver por 10 minutos, retirando a espuma que sobe à superfície, até as lentilhas ficarem tenras e fáceis de partir. Retire do fogo, cubra e reserve.
- Enquanto isso, aqueça o óleo em uma panela grande, adicione a cebola e refogue por 5 minutos. Junte o alho, o gengibre e a pimenta e refogue por mais 2 minutos. Acrescente o curry em pó e meia colher (chá) de pimenta--do-reino e cozinhe por mais 2 minutos.
- Adicione o caldo, as lentilhas reservadas e o líquido do cozimento, os tomates, o espinafre e o coentro e tempere com sal a gosto. Tampe, cozinhe por 5 minutos e adicione o leite de coco.
- Bata com um mixer até que a sopa fique quase lisa.
- Distribua a sopa em 4 tigelas aquecidas e decore com uma colher de iogurte, as folhas de coentro restantes, pimenta-do-reino e um pouco de pimenta vermelha picada, se preferir.

---

10 Arroz com espinafre e lentilhas verdes Aqueça 1 colher (sopa) de óleo em um wok ou frigideira grande e adicione 1 cebola picada, 2 dentes de alho picados, 1 colher (chá) de gengibre ralado, 1 pimenta vermelha e 1 colher (sopa) de curry em pó. Refogue por 1-2 minutos e, depois, adicione 2 pacotes de 250 g de arroz parboilizado já pronto, 75 g de espinafre picado e 100 ml de caldo quente de legumes. Mexa e cozinhe em fogo alto por 5-6 minutos até aquecer bem. Acrescente 200 g de lentilhas verdes cozidas e escorridas e mexa. Cozinhe até aquecer totalmente. Tempere e sirva quente, com iogurte natural.

---

20 Curry de espinafre, tomate e coco Aqueça 2 colheres (sopa) de óleo e adicione 1 cebola picada, 2 dentes de alho picados, 1 colher (chá) de gengibre ralado, 1 pimenta vermelha picada e 1 colher (sopa) de curry em pó. Refogue por 1-2 minutos e adicione 400 g de tomate picado, 200 ml leite de coco e 300 g de espinafre. Mexa, tempere e cozinhe em fogo médio até murchar o espinafre. Adicione folhas de coentro picadas e sirva com arroz basmati.

20 Salada de legumes e espinafre com molho de abacate

4 porções

150 g de espinafre
1 cenoura grande ralada
150 g de tomates-cereja cortados em quartos
1 pimentão vermelho pequeno, sem sementes e em fatias finas
400 g de grãos mistos de feijão (feijão-vermelho e feijão--rajado) cozidos e sem o caldo
100 g de grão-de-bico cozido e sem o caldo
2 colheres (sopa) de sementes de abóbora levemente torradas

Para o molho de abacate

polpa de 1 abacate ou avocado maduro
1 colher (chá) de mostarda de Dijon
suco de 1 limão-siciliano
1 colher (chá) de mel
um pouco de tabasco
4 colheres (sopa) de azeite extravirgem
sal e pimenta-do-reino moída na hora

- Misture o espinafre com a cenoura e coloque em um prato de salada ou em uma tigela grande. Adicione os tomates e as fatias de pimentão e espalhe os feijões, o grão-de-bico e as sementes de abóbora.
- Coloque a polpa do abacate no processador e adicione a mostarda, o suco de limão, o mel e o tabasco. Bata até ficar homogêneo e, em seguida, com o processador ligado, despeje o azeite gradualmente e 2-3 colheres (sopa) de água quente. Tempere a gosto.
- Regue a salada com o molho e sirva imediatamente.

---

10 Sopa rústica de feijões mistos e espinafre Prepare 800 ml de sopa instantânea de tomate em uma panela grande e adicione 250 g de feijões mistos (sem o caldo) e 200 g de espinafre picado. Deixe ferver por 5-6 minutos, tempere e sirva imediatamente.

30 Escondidinho de grão-de-bico e espinafre Aqueça 2 colheres (sopa) de azeite em uma frigideira grande e refogue 1 cebola picada, meio pimentão vermelho picado e 1 dente de alho amassado até ficarem tenros. Adicione 2 colheres (chá) de sementes de cominho, 2 colheres (chá) de sementes de coentro trituradas, 1 colher (chá) de páprica picante e mantenha por 1 minuto. Junte 400 g de tomates-cereja e 150 g de espinafre picado com 200 g de grão-de-bico cozido e 200 g de feijões mistos cozidos e escorridos. Deixe ferver e cozinhe por 5 minutos. Bata 200 ml de iogurte natural e junte ao cozido. Tempere e divida a mistura em 4 refratários individuais ou um refratário grande. Polvilhe 100 g de cheddar ralado e asse por 10-15 minutos em forno preaquecido a 220 °C até aquecer bem.

20 Salada colorida de abacate e cuscuz marroquino

4 porções

200 g de cuscuz marroquino
300 ml de caldo quente de legumes ou água fervente
250 g de tomates-cereja
polpa de 2 abacates ou avocados
150 g de muçarela de búfala escorrida e picada
um punhado de folhas de rúcula

Para o molho

2 colheres (sopa) de pesto fresco
1 colher (sopa) de suco de limão-siciliano
4 colheres (sopa) de azeite extravirgem
sal e pimenta-do-reino moída na hora

- Hidrate o cuscuz com o caldo (ou a água fervente) em uma tigela coberta com um prato por 10 minutos.
- Para fazer o molho, misture o pesto com o suco de limão e tempere. Depois, gradualmente, acrescente o azeite. Despeje tudo sobre o cuscuz e incorpore usando um garfo.
- Adicione os tomates, a polpa dos abacates e a muçarela ao cuscuz. Misture bem e acrescente a rúcula.

10 Ciabatta à italiana com tomate-cereja, abacate e muçarela Misture 250 g de tomates-cereja picados, polpa de 2 abacates ou avocados, 200 g de muçarela de búfala picada e tempere bem. Corte 4 ciabattas ao meio e espalhe 8 colheres (sopa) de pesto pronto nas metades. Divida o recheio entre os pães, enfeite com algumas folhas de rúcula e sirva.

30 Espaguete com tomate-cereja, abacate e muçarela Pique 300 g de tomates-cereja, 2 abacates ou avocados, 50 g de rúcula e 200 g de muçarela de búfala. Coloque em uma tigela com 6 colheres (sopa) de pesto pronto e 2 colheres (sopa) de azeite. Tempere e misture bem. Deixe repousar à temperatura ambiente durante 15 minutos, para que os sabores fiquem acentuados. Enquanto isso, cozinhe 375 g de espaguete, conforme as instruções da embalagem. Escorra a massa e transfira-a para uma travessa. Adicione a mistura de tomate-cereja, mexa bem e sirva.

30 Salada Caesar vegetariana com croûtons de alho e ervas

4 porções
2 maçãs vermelhas em cubos
4 talos de aipo em fatias finas
um pé de alface-romana lavado
4 cebolinhas picadas
um punhado de cebolinha-francesa
4 ovos cozidos e cortados ao meio, para decorar

Para os croûtons
2 fatias de pão italiano em cubos
2 colheres (chá) de alho picado em conserva
2 colheres (chá) de ervas mistas desidratadas
3 colheres (sopa) de azeite

Para o molho
2 dentes de alho amassados
2 colheres (sopa) de alcaparras
2 colheres (sopa) de suco de limão-siciliano
2 colheres (chá) de mostarda de Dijon
1 colher (chá) de açúcar ou mel
8 colheres (sopa) de parmesão fresco ralado
100 ml de iogurte natural
sal e pimenta-do-reino moída na hora

- Primeiro prepare os croûtons. Coloque os cubos de pão em uma tigela e polvilhe o alho picado em conserva e as ervas secas. Regue com azeite e misture bem para cobrir de maneira uniforme.
- Disponha os croûtons em uma assadeira, formando uma única camada, e leve-os ao forno preaquecido a 200 °C por 10-12 minutos até dourarem. Retire do forno e reserve.
- Enquanto os croûtons assam, faça o molho. Coloque o alho, as alcaparras escorridas, o suco de limão, a mostarda, o açúcar (ou o mel), o parmesão e o iogurte no liquidificador e bata bem. Tempere com pimenta-do-reino e refrigere até a hora de servir (se preferir, faça o molho com até um dia de antecedência).
- Coloque as maçãs, o aipo, a alface, a cebolinha e a cebolinha--francesa em uma saladeira grande.
- Regue a salada com o molho e misture bem.
- Decore com os ovos cortados ao meio e salpique os croûtons de alho e ervas.

10 Salada crocante de alface com croûtons

Coloque as folhas de 2 alfaces--romanas em uma tigela com 6 cebolinhas, 2 talos de aipo e 1 pepino, todos bem fatiados. Regue com 8 colheres (sopa) de molho de salada Caesar pronto, coloque 100 g de croûtons prontos, tempere, misture bem e sirva.

20 Salada de penne à moda Caesar

Cozinhe 200 g de penne ou outra massa curta, conforme as instruções da embalagem. Enquanto isso, pique as folhas de 1 alface-romana, 6 cebolinhas, 2 talos de aipo e 4 ovos cozidos, colocando tudo em uma saladeira grande. Esfrie o macarrão em água corrente, escorra e adicione à salada. Regue com 8 colheres (sopa) de molho de salada Caesar (ou use o molho da receita acima), tempere, misture bem e sirva.

20 Salada morna de penne com limão-siciliano e brócolis

4 porções

375 g de penne ou rigatoni
150 g de brócolis ninja
100 g de soja pré-cozida
100 g de ervilhas congeladas
100 g de vagem cortada
150 g de queijo cremoso com alho e ervas
raspas e suco de 1 limão-siciliano
4 colheres (sopa) de azeite
1 pimenta vermelha sem sementes e bem picada
100 g de queijo pecorino ralado
2 colheres (sopa) de folhas de estragão picadas
sal e pimenta-do-reino moída na hora

- Cozinhe a massa em uma panela grande, conforme as instruções da embalagem. Nos 3 minutos finais, adicione os brócolis, a soja, as ervilhas e a vagem.
- Escorra a massa e os legumes, reservando uma concha da água do cozimento. Em seguida, retorne tudo à panela.
- Misture o queijo cremoso, as raspas e o suco do limão, o azeite, a pimenta, o pecorino, o estragão, temperos e um pouco da água reservada.
- Sirva a salada morna ou à temperatura ambiente.

10 Refogado rápido de brócolis e legumes

Aqueça 2 colheres (sopa) de azeite em um wok grande. Adicione 300 g de brócolis ninja escaldados, 100 g de soja pré-cozida, 100 g de ervilhas, 100 g de vagem, 2 dentes de alho amassados, 1 pimenta vermelha picada e 1 colher (chá) de gengibre fresco ralado. Refogue tudo em fogo alto por 4-5 minutos e depois adicione 100 g de molho pronto à sua escolha. Apure por 2-3 minutos e sirva imediatamente com qualquer massa cozida.

30 Rigatoni gratinado com brócolis e mix de vegetais

Rigatoni gratinado com brócolis e mix de vegetais Em uma travessa refratária untada, coloque 500 g de rigatoni cozido, 150 g de brócolis escaldados, 100 g de ervilhas, 100 g de soja pré-cozida e 100 g de vagem branqueada. Misture bem. Em uma tigela, bata 3 ovos com 1 colher (sopa) de raspas de limão-siciliano, 2 colheres (sopa) de estragão picado, 1 pimenta vermelha picada e 150 g de queijo cremoso com alho e ervas. Tempere bem. Despeje os ovos batidos no refratário sobre a massa com legumes, polvilhe 100 g de queijo pecorino ralado e asse por 15-20 minutos em forno preaquecido a 220 °C até ferver e ficar levemente dourado. Sirva quente ou morno.

30 Cuscuz marroquino com legumes assados

4 porções

2 colheres (sopa) de harissa (pasta de pimenta vermelha forte)
2 colheres (sopa) de azeite
500 g de abóbora-manteiga e batata-doce em cubos
2 pimentões vermelhos sem sementes, cortados e em pedaços pequenos
125 g de sêmola de trigo (cuscuz marroquino)
600 ml de caldo quente de legumes
2 dentes de alho amassados
suco de 1 limão-siciliano
200 ml de iogurte natural
6 colheres (sopa) de coentro picado
6 colheres (sopa) de folhas de hortelã picadas
sal e pimenta-do-reino moída na hora

- Misture a harissa e o azeite em uma tigela e adicione a abóbora, a batata-doce e o pimentão.
- Espalhe os legumes em uma assadeira grande e asse-os por 20 minutos em forno preaquecido a 200 °C até ficarem tenros e as pontas dos legumes parecerem levemente tostadas.
- Enquanto isso, coloque o cuscuz com o caldo quente para hidratar em uma tigela grande. Tampe e deixe absorver o líquido por 15 minutos, até os grãos ficarem macios, mas ainda crocantes.
- Em uma tigela, misture o alho e o suco de limão ao iogurte e tempere a gosto.
- Deixe o cuscuz esfriar um pouco e, em seguida, misture os legumes assados, o coentro e a hortelã picados. Sirva quente com o molho de iogurte.

---

10 Sopa rápida de legumes assados com harissa Coloque os legumes assados da receita acima no liquidificador com 500 ml de caldo quente de legumes, 1 colher (sopa) de harissa (pasta de pimenta), 3 colheres (sopa) de coentro picado e 3 de hortelã. Bata até ficar homogêneo e sirva em tigelas aquecidas com uma porção de iogurte natural.

20 Sopa árabe de abóbora e batata-doce Aqueça 2 colheres (sopa) de óleo em uma panela e adicione 1 cebola picada, 2 dentes de alho picados, 2 pimentões vermelhos picados e 400 g de abóbora e batata-doce picadas. Refogue por 1-2 minutos. Adicione 500 ml de caldo quente de legumes, 1 colher (sopa) de harissa e deixe ferver. Cozinhe por 10-15 minutos, até os legumes ficarem tenros. Tempere e misture 2 colheres (sopa) de coentro picado e 2 colheres (sopa) de folhas de hortelã picadas. Sirva com cuscuz marroquino.

20 Salada de ovos de codorna com espinafre

4 porções

100 g de espinafre
1 cebola roxa picada
200 g de tomates-cereja amarelos e vermelhos
1 colher (sopa) de mostarda extraforte
6 colheres (sopa) de azeite extravirgem
suco de 1 limão-siciliano
1 colher (chá) de mel
12 ovos de codorna cozidos e descascados
sal e pimenta-do-reino moída na hora

- Coloque o espinafre, a cebola roxa e os tomates-cereja cortados ao meio em uma tigela grande.
- Em outra tigela, misture a mostarda, o azeite, o suco de limão e o mel. Tempere e misture bem.
- Divida a salada em 4 porções.
- Corte 4 dos ovos, deixando os outros inteiros, e divida todos sobre as porções de salada. Regue com um pouco do molho.

10 Ciabatta com ovos de codorna e salada

Corte ao meio 4 ciabattas aquecidos e espalhe em cada metade 2 colheres (sopa) de maionese e 1 colher (sopa) de mostarda extraforte. Misture 1 cebola roxa picada, um pequeno punhado de espinafre e 100 g de tomates-cereja cortados. Coloque essa mistura sobre as fatias de ciabatta. Cubra com 12 ovos de codorna cozidos e cortados ao meio. Junte as metades cortadas e sirva.

30 Salada morna de ovos de codorna e arroz

e arroz Cozinhe 200 g de arroz parboilizado, conforme as instruções da embalagem. Enquanto isso, coloque 100 g de espinafre em uma saladeira grande com 1 cebola roxa bem picada, 400 g de tomates-cereja vermelhos e amarelos e 12 ovos de codorna cozidos e descascados. Para o molho, misture 6 colheres (sopa) de azeite com o suco de 1 limão-siciliano, 1 colher (chá) de mel e 1 colher (sopa) de mostarda extraforte e tempere bem. Despeje o arroz quente cozido sobre os ingredientes da salada e um pequeno punhado de salsinha picada. Misture bem e sirva.

20 Salada de melancia, azeitonas, vagem e feta

4 porções

300 g de vagem cortada ao meio
1 cebola roxa
suco de 2 limões
1,5 kg de melancia madura e doce
250 g de queijo feta
100 g de azeitonas pretas sem caroço
1 maço de salsinha picada
1 maço de folhas de hortelã picadas
5 colheres (sopa) de azeite extravirgem
sal e pimenta-do-reino moída na hora

- Escalde a vagem em água fervente por 3 minutos. Esfrie em água corrente, escorra e reserve.
- Corte a cebola roxa ao meio e fatie. Ponha em uma tigela pequena com a vagem e o suco de limão e deixe marinar. Tempere com sal.
- Retire a casca e as sementes da melancia e corte-a em pedaços pequenos. Corte o queijo feta em pedaços de tamanho similar e coloque esses dois ingredientes em uma tigela grande e rasa ou em um prato para servir.
- Adicione a cebola roxa e a vagem com o caldo em que ficaram marinando. Espalhe as azeitonas e as ervas.
- Tempere bem, regue com azeite e sirva em temperatura ambiente.

---

10 Salada marroquina de laranja e azeitonas pretas com feta Descasque e fatie 4 laranjas grandes (guardando o suco) e coloque-as em uma travessa com 100 g de azeitonas pretas sem caroço e 250 g de feta em cubos. Regue com 4 colheres (sopa) de azeite e polvilhe 2 colheres (chá) de mix de temperos marroquinos (semente de cominho, coentro em grão, páprica, canela, coentro, cebola e alho desidratados, pimenta-do--reino em grão, hortelã e folha de coentro desidratadas, mostarda em pó, pimenta-de-caiena e sal). Tempere, misture bem e espalhe um pequeno punhado de folhas de hortelã para servir.

30 Salada de quinoa com azeitonas, vagem e feta Cozinhe a quinoa, conforme as instruções da embalagem, deixe esfriar e transfira para uma tigela grande. Enquanto isso, fatie 3 cebolas roxas em quartos, regue com 1 colher (sopa) de azeite e asse por 12-15 minutos em forno preaquecido a 220 °C. Escalde 625 g de vagem picada em água fervente por 3 minutos. Esfrie em água corrente, escorra e adicione à quinoa. Acrescente à cebola roxa assada um punhado de hortelã picada, um punhado de salsinha picada, 100 g de azeitonas verdes e 200 g de feta. Tempere com o suco de 1 laranja e 5 colheres (sopa) de azeite. Misture bem e sirva.

10 Salada de tortellini de ricota

4 porções
600 g de tortellini de ricota e espinafre
275 g de pimentões mistos em conserva no azeite
275 g de cogumelos em conserva e escorridos
200 g de tomates secos em conserva e escorridos
25 g de folhas de manjericão
50 g de rúcula
pimenta-do-reino moída na hora

- Ferva, em uma panela grande, água com um pouco de sal. Adicione o tortellini e cozinhe, conforme as instruções da embalagem. Depois de cozido, escorra bem e transfira para uma tigela grande.
- Adicione os pimentões em conserva, incluindo o azeite, os cogumelos escorridos e os tomates secos.
- Junte as folhas de manjericão e a rúcula. Tempere com pimenta-do-reino, misture delicadamente e sirva morno.

---

20 **Brodo de tortellini de ricota** Ferva 1 litro de caldo de legumes em uma panela grande e adicione 1 cenoura cortada em cubos, 1 cebola picada e 1 talo de aipo em cubos. Ferva novamente e cozinhe por 10 minutos. Adicione 600 g de tortellini fresco de ricota e espinafre e cozinhe por 3-4 minutos. Retire do fogo e acrescente 25 g de manjericão picado e 25 g de folhas de rúcula picadas. Sirva em pratos aquecidos.

---

30 **Tortellini gratinado**
Cozinhe 600 g de tortellini de ricota e espinafre, escorra bem e reserve. Em um refratário misture 200 g de pimentões mistos em conserva, 200 g de tomates secos e 25 g de folhas de manjericão picadas. Adicione 2 ovos, 200 ml creme de leite e 50 g de parmesão ralado. Tempere e despeje sobre o tortellini, depois asse por 15-20 minutos em forno preaquecido a 200 °C até borbulhar e dourar. Sirva quente com salada de rúcula.

20 Salada fatouche

4 porções

1 pão pita picado em pedaços pequenos
6 tomates sem sementes e picados
½ pepino descascado e picado
10 rabanetes picados
1 cebola roxa picada
1 pé de alface-romana pequeno com as folhas separadas
um punhado de hortelã fresca

Para o molho

200 ml de azeite
suco de 3 limões-sicilianos
1 dente de alho amassado
2 colheres (chá) de sumagre ou ½ colher (chá) de cominho em pó
sal e pimenta-do-reino moída na hora

- Prepare o molho misturando o azeite, o suco de limão--siciliano, o alho e o sumagre em uma tigela e tempere a gosto.
- Para fazer a salada, combine os pedaços de pita, o tomate, o pepino, o rabanete, a cebola roxa, as folhas de alface e as folhas de hortelã em uma tigela grande.
- Quando estiver pronto para servir, despeje o molho sobre a salada e misture delicadamente para incorporá-lo de modo uniforme aos outros ingredientes.

---

10 Salada árabe de cuscuz marroquino Substitua o pão pita na receita acima por 400 g de cuscuz marroquino hidratado. Utilize o mesmo método de preparo indicado e, ao final, despeje o molho, misture bem e sirva.

30 Bocados de pão pita com homus e salada Fatie 4 tomates, meio pepino, 6 rabanetes, meia cebola roxa e coloque em uma tigela com 1 dente de alho amassado, 4 colheres (sopa) de azeite, meia colher (chá) de sumagre e o suco de 1 limão. Tempere e misture bem. Deixe descansar por 15 minutos. Enquanto isso, torre 8 pães pita até ficarem levemente dourados e coloque-os em 4 pratos para servir. Espalhe 2 colheres (sopa) de homus em cada um dos pães e cubra-os com a salada preparada. Tempere com as folhas de hortelã picadas e sirva.

30 Salada de batata com frutas

4 porções

300 g de batata bolinha lavada
2 laranjas separadas em gomos
2 maçãs vermelhas sem caroço, descascadas e picadas
100 g de uvas verdes e vermelhas sem caroço
2 talos de aipo em fatias grossas
6 cebolinhas fatiadas
4 pepinos grandes picados

Para o molho

6 colheres (sopa) de maionese
suco de 1 limão-siciliano
1 colher (chá) de mel
1 colher (sopa) de mostarda extraforte
3 colheres (sopa) de endro picado
3 colheres (sopa) de cebolinha--francesa picada
sal e pimenta-do-reino moída na hora

- Prepare o molho misturando todos os ingredientes em uma tigela e tempere a gosto.
- Cozinhe as batatas em água fervente com sal por cerca de 15-20 minutos, até ficarem tenras. Escorra e, quando esfriarem, corte-as ao meio.
- Coloque-as em uma tigela com os demais ingredientes da salada. Despeje o molho e misture delicadamente. Leve à geladeira até a hora de servir.

10 Salada de penne com frutas

Substitua as batatas da receita acima por 200 g de penne e cozinhe conforme as instruções da embalagem. Coloque a massa depois de pronta em uma tigela com as laranjas, as maçãs, as uvas, o aipo e a cebolinha. Despeje o molho, misture bem e sirva.

20 Gratinado de batata com mostarda e cebolinha

Coloque 625 g de rodelas de batata cozida em um refratário raso levemente untado com óleo. Adicione 6 cebolinhas bem picadas, 2 talos de aipo fatiados e 2 pepinos picados. Misture bem. Acrescente 10 colheres (sopa) de maionese fresca com 2 colheres (sopa) de mostarda extraforte, 3 colheres (sopa) de endro picado, 3 colheres (sopa) de cebolinha-francesa picada e 1 ovo. Coloque esse molho sobre os legumes e leve ao forno médio preaquecido por 4-5 minutos, até dourar e borbulhar. Sirva imediatamente.

10 Salada de pepino, tomate e arroz basmati

4 porções

1 cebola roxa bem picadinha
6 tomates maduros picados
1 pepino picado
1 pimenta vermelha sem sementes e bem picada
um punhado de coentro picado
um punhado de hortelã picada
400 g de arroz basmati cozido e frio
suco de 2 limões grandes
2 colheres (sopa) de amendoim torrado picado grosseiramente
sal e pimenta-do-reino moída na hora

- Coloque a cebola, o tomate, o pepino, a pimenta, o coentro, a hortelã e o arroz em uma tigela e regue com o suco de limão.
- Tempere bem, cubra e deixe descansar em temperatura ambiente por 5-6 minutos.
- Antes de servir, misture bem e polvilhe o amendoim picado.

20 Linguine com tomate, pimenta e ervas Cozinhe 375 g de linguine, conforme as instruções da embalagem. Enquanto isso, pique bem 1 cebola roxa, 6 tomates, 1 pimenta vermelha, um punhado de coentro e também de folhas de hortelã. Coloque esses ingredientes em uma tigela com 6 colheres (sopa) de azeite e misture bem. Quando a massa estiver cozida, escorra-a e separe-a em 4 pratos para servir. Cubra com o molho e sirva imediatamente.

30 Arroz com queijo e legumes gratinado Coloque 1 cebola roxa picada, 6 tomates picados, 1 pimenta vermelha picada e 250 g de arroz basmati cozido em um refratário untado com um pouco de azeite. Bata levemente 4 ovos em uma tigela com 1 colher (chá) de gengibre fresco ralado, alho, 3 colheres (sopa) de coentro picado, 3 colheres (sopa) de hortelã e tempere bem. Despeje os ovos batidos no refratário, polvilhe 200 g de queijo cheddar ralado e asse por 20-25 minutos em forno preaquecido a 200 °C até dourar. Sirva com salada verde crocante.

20 Cuscuz marroquino com pimentão e limão em conserva

4 porções

200 g de sêmola gigante
750 ml de caldo quente de legumes
2 dentes de alho amassados
½ colher (chá) de gengibre ralado
1 colher (chá) de cominho em pó
¼ de colher (chá) de canela em pó
1 colher (sopa) de raspas de laranja
100 g sementes de abóbora
4 colheres (sopa) de azeite
1 pimentão vermelho e 1 amarelo sem sementes e em fatias finas
4 cebolinhas fatiadas
100 g de tomates-cereja cortados em quartos
1 colher (sopa) de limão em conserva escorrido e picado
suco de 1 laranja grande
2 colheres (sopa) de coentro picado
2 colheres (sopa) de folhas de hortelã picadas

- Coloque a sêmola em uma panela com o caldo, o alho, o gengibre, o cominho, a canela e as raspas de laranja. Deixe ferver e cozinhe por 10-12 minutos, até a sêmola ficar tenra.
- Enquanto isso, torre as sementes de abóbora em uma frigideira.
- Escorra a sêmola e coloque em uma tigela grande com o azeite, o pimentão, a cebolinha, o tomate e o limão em conserva.
- Adicione o suco de laranja, as ervas picadas e as sementes de abóbora. Misture delicadamente e sirva em seguida.

10 Caldo de legumes e cuscuz marroquino

Fatie 1 pimentão vermelho e 1 pimentão amarelo e coloque em uma panela com 4 cebolas fatiadas, 1 dente de alho amassado e 1,2 litro de caldo quente de legumes. Deixe ferver e cozinhe em fogo alto por 6-7 minutos. Misture 100 g de sêmola gigante cozida, 2 colheres (sopa) de coentro picado e 2 colheres (sopa) de folhas de hortelã picadas. Tempere e sirva imediatamente.

30 Tagine de pimentões mistos

Aqueça 3 colheres (sopa) de azeite em uma panela e adicione 4 cebolinhas picadas, 2 dentes de alho picados, 1 colher (chá) de gengibre fresco ralado, 1 colher (chá) de cominho em pó, um quarto de colher (chá) de canela em pó e 2 pimentões sem sementes e picados (1 vermelho e 1 amarelo). Refogue esses ingredientes por 2-3 minutos e despeje 500 ml de caldo quente de legumes. Deixe ferver e cozinhe por 10-12 minutos e depois adicione 1 colher (sopa) de limão em conserva. Misture 1 colher (sopa) de maisena com 2 colheres (sopa) de água fria, adicione ao tagine, mexa e deixe apurar até engrossar. Retire do fogo e decore com coentro picado antes de servir com cuscuz ou arroz.

20 Salada de lentilha, cogumelos e pimenta-cereja

4 porções

4 colheres (sopa) de azeite
300 g de cogumelos paris cortados ao meio ou em quartos
2 colheres (sopa) de vinagre de maçã
1 colher (sopa) de mostarda de Dijon
200 g de pimentas-cereja picadas (ou pimenta-biquinho)
6 cebolinhas em fatias finas
400 g de lentilhas verdes em conserva (ou cozidas) e escorridas
3 pés de alface-romana com as folhas separadas
100 g de queijo de cabra
pimenta-do-reino moída na hora

- Aqueça 2 colheres (sopa) de azeite em uma frigideira antiaderente. Adicione os cogumelos e refogue-os em fogo alto até ficarem tenros.
- Retire do fogo e, em seguida, junte o restante do azeite com o vinagre e a mostarda. Misture bem e adicione a pimenta, a cebolinha e a lentilha.
- Disponha as folhas de alface em 4 pratos. Cubra com o refogado de cogumelos e lentilha, amasse o queijo de cabra e sirva com pimenta-do-reino moída na hora.

---

10 Arroz com lentilha e cogumelos Aqueça 3 colheres (sopa) de azeite em uma frigideira em fogo alto. Adicione 6 cebolinhas picadas e 300 g de cogumelos fatiados e refogue por 2-3 minutos. Adicione 500 g de arroz basmati cozido, 4 colheres (sopa) de pimentas-cereja picadas e 200 g de lentilhas verdes em conserva e escorridas. Refogue por 3-4 minutos até aquecer bem. Retire do fogo e espalhe 100 g de queijo de cabra antes de servir.

30 Curry picante de cogumelos e lentilha Aqueça 2 colheres (sopa) de azeite em uma panela e refogue 6 cebolinhas picadas, 2 dentes de alho picados e 1 colher (chá) de gengibre ralado por 2-3 minutos em fogo baixo. Adicione 2 colheres (chá) de sementes de cominho, 1 colher (chá) de sementes de mostarda preta e 2 colheres (sopa) de curry em pó suave e refogue por 1-2 minutos. Acrescente 400 g de cogumelos fatiados e refogue em fogo alto por 3-4 minutos. Adicione 400 g de lentilhas verdes em conserva e escorridas, 200 g de tomates picados e 200 ml de caldo de legumes. Deixe ferver e cozinhe lentamente durante 15-20 minutos. Retire do fogo, misture 4 colheres (sopa) de creme de leite fresco, tempere e sirva com arroz ou naan aquecido.

30 Salada russa

4 porções

2 ou 3 batatas
2 beterrabas médias cozidas
100 g de ervilhas frescas sem casca
100 g de minicenoura
½ couve-flor pequena dividida em buquês
100 g de vagem cortada
3 ovos grandes cozidos
6 pepinos em conserva bem picados
6 colheres (sopa) de maionese
sal e pimenta-do-reino moída na hora
um punhado de endro fresco, para decorar

- Descasque as batatas e corte em cubos de 1 cm. Cozinhe em água com um pouco de sal por 10-12 minutos até ficarem tenras.
- Corte a beterraba em cubos aproximadamente do mesmo tamanho das batatas e coloque em uma saladeira grande.
- Enquanto isso, escalde as ervilhas, as minicenouras, a couve-flor e a vagem por 3-4 minutos. Esfrie e escorra.
- Descasque e corte os ovos ao meio.
- Misture os pepinos com os legumes e, em seguida, incorpore o preparado à maionese em uma tigela grande. Tempere e cubra com os ovos e o endro picado.

---

10 Refogado de legumes coloridos

Aqueça 3 colheres (sopa) de azeite em uma frigideira grande e adicione 1 cebola picada, 300 g de beterraba, 300 g de batata e 300 g de cenoura, todas cozidas e picadas, 200 g de ervilhas e 300 g de vagem limpa. Refogue em fogo alto por 6-7 minutos, tempere bem e retire do fogo. Sirva com arroz ou pão italiano.

20 Sopa cremosa de legumes mistos

Coloque 100 g de beterraba, 100 g de batata e 100 g de cenoura, todas cozidas e picadas, em uma panela com 200 g de ervilhas e 200 g de vagem picada. Adicione 750 ml de caldo quente de legumes e deixe ferver. Cozinhe em fogo alto por 10 minutos e depois misture 200 ml de creme de leite e 4 colheres (sopa) de endro picado. Tempere, retire do fogo e sirva.

20 Salada de haloumi grelhado, pimentões mistos e rúcula

4 porções
24 tomates-cereja
200 g de pimentões mistos em conserva, escorridos e cortados
100 g de rúcula
400 g de queijo haloumi fatiado ou queijo coalho

Para o molho
raspas de ½ limão-siciliano
2 colheres (sopa) de suco de limão-siciliano
5 colheres (sopa) de azeite
um punhado de salsinha picada
2 colheres (sopa) de alcaparras escorridas e lavadas
pimenta-do-reino moída na hora

- Para o molho, misture as raspas e o suco de limão, o azeite, a salsinha, as alcaparras e a pimenta-do-reino. Reserve.
- Corte os tomates ao meio e distribua-os em 4 pratos com os pimentões e a rúcula.
- Coloque as fatias de haloumi em uma frigideira tipo grill com cabo refratário preaquecida só para selar e depois em forno médio preaquecido. Asse por 2-3 minutos de cada lado até começar a amolecer.
- Transfira o haloumi quente para os pratos, regue com o molho e sirva imediatamente.

---

10 **Wrap mediterrâneo de haloumi grelhado** Em uma tigela grande, misture 2 colheres (sopa) de alcaparras, 300 g de tomates-cereja cortados ao meio, 200 g de pimentões mistos assados, em conserva e picados e 40 g de folhas de rúcula picadas. Acrescente o suco de 1 limão e tempere bem. Enquanto isso, aqueça 200 g de haloumi fatiado e 4 folhas de pão para wrap em forno preaquecido a 150 °C. Para servir, distribua a mistura de legumes e haloumi entre os 4 wraps e enrole-os.

---

30 **Penne com haloumi, rúcula e tomate-cereja** Corte 300 g de haloumi em pequenos cubos. Aqueça 4 colheres (sopa) de azeite em uma frigideira grande e frite o queijo até dourar. Retire-o da panela com uma escumadeira e reserve. Adicione 2 dentes de alho amassados à panela e refogue por 1 minuto. Adicione 300 g de tomates-cereja cortados ao meio e 1 pimenta vermelha picada. Refogue em fogo baixo por cerca de 10 minutos até ficarem tenros. Enquanto isso, cozinhe 375 g de penne, conforme as instruções da embalagem, adicionando 50 g de rúcula no último minuto de cozimento. Escorra a massa e adicione ao refogado de tomate-cereja na panela. Mexa bem. Finalize com o haloumi e sirva.

20 Salada de quinoa, abobrinha e romã

4 porções

75 g de quinoa
1 abobrinha grande
1 colher (sopa) de vinagre de vinho branco
4 colheres (sopa) de azeite
4 cebolinhas fatiadas finamente
100 g de tomates-cereja cortados ao meio
1 pimenta vermelha bem picada
sementes de ½ romã
um punhado pequeno de salsinha picada
sal e pimenta-do-reino moída na hora

- Cozinhe a quinoa, conforme as instruções da embalagem, esfrie em água corrente e escorra.
- Corte a abobrinha em fatias finas com o auxílio de um descascador de batatas.
- Faça um molho com o vinagre e 2 colheres (sopa) de azeite e tempere com sal e pimenta.
- Coloque o restante dos ingredientes em uma tigela grande, despeje o molho, misture tudo e sirva.

10 Refogado de abobrinha e cebolinha Aqueça 2 colheres (sopa) de azeite em uma frigideira grande e adicione 2 abobrinhas raladas, 6 fatias de cebolinha e 100 g de tomates-cereja picados. Refogue em fogo alto por 3-4 minutos. Adicione 100 g do molho de sua preferência e apure por 2-3 minutos, até aquecer bem. Sirva com massas ou arroz.

30 Salada de quinoa com abobrinha e berinjela grelhadas Cozinhe 50 g de quinoa, conforme as instruções da embalagem. Enquanto isso, corte 2 abobrinhas grandes e 1 berinjela em fatias de 1 cm, pincele um pouco de azeite e passe em uma frigideira tipo grill por 4-5 minutos, até ficarem tenras. Coloque-as em uma tigela larga e acrescente 4 cebolinhas bem picadas, 100 g de tomates-cereja e a quinoa cozida. Regue com uma mistura de 4 colheres (sopa) de azeite e 1 colher (sopa) de vinagre de vinho branco. Tempere, junte as folhas de hortelã e sirva.

Refeições para o dia a dia

Listas de receitas por tempo de preparo

30

Salada morna de arroz mediterrâneo 124
Cozido de feijão-fradinho com legumes 126
Orzo com molho cremoso de abobrinha 128
Omelete à moda grega 130
Pilaf picante de beterraba 132
Curry verde de legumes 134
Cogumelos à moda rústica italiana com polenta 136
Tabule de quinoa com ervas, azeitonas e pepino 138
Fusilli com queijo, espinafre e tomate 140
Kedgeree com mix de feijões 142
Linguine ao pesto de pecorino e couve 144
Chilli de mix de feijões 146
Risoto de aspargos com vagem e pesto 148
Huevos rancheros 150
Rigatoni com tomate fresco, pimenta vermelha, alho e manjericão 152
Dahl de espinafre com tomate-cereja 154
Couve-flor gratinada com queijo 156
Vegetais chineses à moda Sichuan 158
Pappardelle com tomate e berinjela 160
Fritada de milho e pimentão vermelho 162
Quesadillas de queijo defumado, pimentão e espinafre 164
Pilaf turco de triguilho com grão-de-bico 166
Sopa de sobá e shitake 168
Tortellini com molho de pimentões amarelos e vermelhos 170
Panquecas cremosas de ervas e cogumelos 172

20

Pizza vegetariana 124
Sopa rica de feijão-fradinho 126
Salada de orzo com abobrinha, hortelã e tomate-cereja 128
Salada morna de ditalini à moda grega 130
Risoto rápido de beterraba e ervas 132
Arroz de legumes com curry tailandês verde 134
Mix de cogumelos com polenta grelhada 136
Sopa de pepino com ervas, azeitonas e quinoa 138
Penne com espinafre, tomate e queijo 140
Caldo picante de feijões e arroz 142
Fritada de linguine, couve e pecorino 144
Tortilha mexicana assada 146
Cavatappi com aspargos, vagem e pesto 148
Molho à moda mexicana 150

10

Rigatoni ao forno com tomate, pimenta vermelha e muçarela 152

Curry picante de tomate--cereja e espinafre 154

Sopa cremosa de couve-flor 156

Arroz à jardineira 158

Salada de berinjela grelhada, tomate e manjericão 160

Refogado de batata com milho e pimentão 162

Veggie cheeseburguer com espinafre, pimentão e queijo defumado 164

Pilaf com grão-de-bico e ervas 166

Salada morna de sobá e edamame 168

Tortellini ao forno com pimentões 170

Cogumelos recheados com queijo, alho e ervas 172

Salada mediterrânea de pimentão assado 124

Salada colorida de feijão--fradinho e legumes 126

Bifum com abobrinhas refogadas 128

Salada grega clássica 130

Penne com beterraba e ervas 132

Sopa leve de legumes com curry tailandês verde 134

Massa com molho cremoso de cogumelos 136

Salada de arroz com pepino e ervas 138

Salada de tagliati com gorgonzola, tomate-cereja e espinafre 140

Salada de arroz, tomate e mix de feijões 142

Sopa de tomate e pesto 144

Bruschettas de mix de feijões 146

Salada de batata com aspargos e pesto 148

Ovos mexidos picantes à mexicana 150

Molho frio de tomate fresco, pimenta vermelha e manjericão 152

Sopa de lentilhas, tomate e espinafre 154

Couve-flor rápida com queijo e mostarda 156

Yakisoba com legumes rápido 158

Pizza de tomate, muçarela e berinjela 160

Salada de milho tex-mex 162

Lamen com pimentão e espinafre 164

Salada de triguilho com ervas e grão-de-bico 166

Salada asiática com sobá 168

Salada com tortellini, pimentão assado e rúcula 170

Espaguete cremoso com cogumelos 172

20 Pizza vegetariana

4 porções

2 massas prontas de pizza descongeladas (cada uma com aproximadamente 23 cm de diâmetro)
400 g de molho de tomate pronto para pizza
16-20 azeitonas pretas sem caroço
400 g de pimentões mistos assados, em conserva, escorridos e picados
200 g de tomates secos
3 colheres (sopa) de alcaparras
8 corações de alcachofra grelhados, em conserva e cortados em quartos
250 g de muçarela em cubos
salsinha ou folhas de orégano picadas, para decorar

- Preaqueça o forno a 220°C. Coloque as massas de pizza em duas assadeiras.
- Espalhe o molho uniformemente sobre as massas e também as azeitonas, os pimentões assados, os tomates secos, as alcaparras, os corações de alcachofra e a muçarela.
- Asse as pizzas em forno preaquecido por 12-15 minutos até ficarem douradas e crocantes.
- Remova do forno e enfeite com a salsinha ou as folhas de orégano picadas.

10 Salada mediterrânea de pimentão assado

Coloque em uma saladeira 625 g de pimentões mistos assados, em conserva e escorridos com 25 azeitonas pretas sem caroço, 200 g de tomates secos, 4 colheres (sopa) de alcaparras, 8 corações de alcachofra grelhados cortados em quartos e 250 g de muçarela em fatias. Acrescente um punhado de folhas de rúcula. Espalhe 4 colheres (sopa) de azeite e suco de 1 limão-siciliano. Tempere, misture bem e sirva.

30 Salada morna de arroz mediterrâneo

Coloque 250 g de arroz longo em uma caçarola com 500 ml de caldo de legumes em fogo alto. Ferva, tampe e abaixe o fogo. Cozinhe por 15 minutos e desligue. Deixe descansar por aproximadamente 10-15 minutos. Enquanto isso, coloque 200 g de pimentões mistos assados, em conserva e escorridos em uma tigela larga com 25 g de azeitonas pretas sem caroço, 200 g de tomates secos, 4 colheres (sopa) de alcaparras e 250 g de muçarela em cubos. Solte o arroz com um garfo e junte aos vegetais com um punhado de folhas de manjericão picadas. Tempere, misture bem e sirva quente.

30 Cozido de feijão-fradinho com legumes

4 porções

2 colheres (sopa) de azeite
4 echalotas picadas
2 dentes de alho amassados
2 talos de aipo cortados em cubos
1 cenoura grande descascada e cortada em pedaços de 1 cm
1 pimentão vermelho sem sementes e cortado em pedaços de 1 cm
1 colher (chá) de mix de ervas secas
2 colheres (chá) de cominho em pó
1 colher (chá) de canela em pó
800 g de tomates pelados em lata
2 colheres (sopa) de purê de tomate
75 ml de caldo de legumes
800 g de feijão-fradinho cozido
4 colheres (sopa) de folhas de coentro picadas, mais um pouco para decorar
sal e pimenta-do-reino moída na hora
arroz basmati cozido, para servir

- Aqueça o azeite em uma frigideira grande em fogo alto.
- Acrescente as echalotas, o alho, o aipo, a cenoura, o pimentão e refogue por 2-3 minutos até começarem a dourar.
- Adicione as ervas secas, o cominho, a canela, os tomates, o purê de tomate, o caldo e leve tudo ao fogo alto para ferver. Abaixe o fogo, tampe e cozinhe por 12-15 minutos, até os vegetais ficarem tenros. Nos minutos finais do cozimento, divida os tomates em pequenos pedaços com a ajuda de uma colher de pau.
- Coloque o feijão-fradinho e cozinhe por 2-3 minutos até ferver.
- Tempere bem, remova do fogo e polvilhe coentro picado. Enfeite com folhas de coentro e sirva com o arroz basmati.

---

10 Salada colorida de feijão-fradinho e legumes Pique 2 cenouras, 2 talos de aipo, 1 pimentão vermelho, 2 tomates e 2 echalotas e coloque em uma tigela com 4 colheres (sopa) de azeite e o suco de 2 limões. Tempere e adicione 400 g de feijão-fradinho, previamente cozido e escorrido, e um punhado grande de coentro picado e folhas de hortelã. Misture bem e sirva com pão sírio quente.

20 Sopa rica de feijão-fradinho
Coloque 1 cenoura, 2 talos de aipo, 2 echalotas, todos em fatias finas, 2 dentes de alho amassados, 2 colheres (sopa) de purê de tomate e 2 colheres (chá) de ervas secas em uma caçarola com 1 litro de caldo quente de legumes e leve ao fogo para ferver. Cozinhe, sem tampa, a uma temperatura média, por 10-12 minutos. Acrescente 800 g de feijão--fradinho escorrido e retorne ao fogo para ferver. Tempere, tire do fogo e sirva em tigelas aquecidas com pão italiano.

30 Orzo com molho cremoso de abobrinha

4 porções

375 g de orzo (ou risoni)
1 colher (sopa) de manteiga
1 colher (sopa) de azeite
1 pimenta vermelha sem sementes e picada
2 dentes de alho amassados
4 cebolinhas picadas bem finas
3 abobrinhas médias raladas
raspas de 1 limão-siciliano pequeno
150 g de queijo cremoso com alho e ervas
4 colheres (sopa) de folhas de salsinha picadas bem finas
sal e pimenta-do-reino moída na hora

- Cozinhe o orzo em água com um pouco de sal, conforme as instruções da embalagem.
- Enquanto isso, aqueça a manteiga e o azeite em uma frigideira grande, acrescente a pimenta vermelha, o alho, as cebolinhas e as abobrinhas. Refogue, mexendo de vez em quando, em fogo médio por 10-15 minutos, até os ingredientes ficarem tenros.
- Abaixe o fogo e junte as raspas de limão. Cozinhe por 3-4 minutos, acrescente o queijo cremoso e mexa bem. Tempere a gosto.
- Escorra o orzo e misture ao molho cremoso de abobrinha. Coloque a salsinha, mexa bem e sirva imediatamente.

10 Bifum com abobrinhas refogadas Aqueça 2 colheres (sopa) de azeite em uma frigideira grande. Acrescente 5 cebolinhas fatiadas, 2 dentes de alho amassados, 1 pimenta vermelha picada e 3 abobrinhas raladas. Refogue em temperatura alta por 4-5 minutos e adicione 600 g de bifum (macarrão de arroz) e 4 colheres (sopa) de shoyu light. Junte tudo, mexa bem e refogue por 2-3 minutos até aquecer bem. Sirva imediatamente.

20 Salada de orzo com abobrinha, hortelã e tomate-cereja Cozinhe 375 g de orzo (ou risoni), conforme as instruções da embalagem. Enquanto isso, coloque 2 abobrinhas grosseiramente raladas, 4 cebolinhas fatiadas, 4 colheres (sopa) de folhas de hortelã picadas e 200 g de tomates-cereja cortados ao meio em uma saladeira grande. Prepare o molho com 1 pimenta vermelha picada, 2 dentes de alho, 6 colheres (sopa) de azeite, o suco de 1 limão-siciliano e 1 colher (chá) de mel. Tempere bem. Esfrie o orzo em água corrente e escorra. Junte os outros ingredientes na saladeira. Coloque o molho e mexa bem antes de servir.

30 Omelete à moda grega

4 porções
8 ovos grandes
1 colher (chá) de orégano seco
1 colher (sopa) de hortelã picada
4 colheres (sopa) de salsinha bem picada
2 colheres (sopa) de azeite
2 cebolas roxas pequenas descascadas e picadas
2 tomates maduros grandes picados grosseiramente
½ abobrinha picada
100 g de azeitonas pretas sem caroço
100 g de queijo feta
sal e pimenta-do-reino moída na hora
salada verde, para servir (opcional)

- Bata os ovos em uma tigela, acrescente o orégano, a hortelã e a salsinha e tempere bem.
- Aqueça o azeite em uma frigideira grande e antiaderente com cabo refratário. Adicione a cebola roxa e frite-a em alta temperatura por 3-4 minutos até dourar nas pontas.
- Junte os tomates, a abobrinha e as azeitonas e refogue tudo por 3-4 minutos, ou até os vegetais ficarem tenros.
- Enquanto isso, preaqueça o forno a uma temperatura média alta.
- Reduza o fogo à temperatura média e coloque o ovo batido na frigideira. Frite a omelete por 3-4 minutos, mexendo conforme adquire formato, até um ponto em que esteja ganhando consistência firme, mas ainda um pouco mole.
- Espalhe o queijo feta e coloque a frigideira no forno preaquecido por 4-5 minutos, até a omelete dourar.
- Corte-a em fatias e sirva com salada verde crocante, se preferir.

---

10 Salada grega clássica Fatie 2 cebolas roxas, 4 tomates e 1 pepino e coloque-os em uma saladeira grande com 200 g de feta em cubos e 100 g de azeitonas pretas sem caroço. Regue com aproximadamente 6 colheres (sopa) de azeite e salpique 1 colher (chá) de orégano. Tempere, mexa bem e sirva.

20 Salada morna de ditalini à moda grega Cozinhe 250 g de ditalini, conforme as instruções da embalagem. Enquanto isso, pique 2 cebolas roxas pequenas, 100 g de azeitonas pretas sem caroço, 4 tomates e meio pepino e coloque tudo em uma saladeira com um punhado de folhas de hortelã picadas. Para o molho, bata 1 dente de alho amassado, 6 colheres (sopa) de azeite, 2 colheres (sopa) de vinagre, 1 colher (chá) de mostarda e 1 colher (chá) de orégano seco. Tempere. Escorra a massa e misture com a salada e o molho. Mexa bem e sirva quente.

10 Penne com beterraba e ervas

4 porções

375 g de penne
400 g de beterraba descascada e cozida
200 ml de creme de leite fresco
4 colheres (sopa) de cebolinha--francesa picada
4 colheres (sopa) de endro picado
sal e pimenta-do-reino moída na hora

- Cozinhe o penne conforme as instruções da embalagem.
- Enquanto isso, corte a beterraba em cubos pequenos e acrescente à massa no último minuto de cozimento.
- Escorra-os e retorne à panela. Depois, coloque o creme de leite fresco e as ervas.
- Tempere e sirva imediatamente.

20 Risoto rápido de beterraba e ervas

Bata 250 g de beterraba descascada e cozida com 6 colheres (sopa) de creme de leite e 100 ml de caldo de legumes em um processador, até obter uma mistura homogênea. Frite 1 dente de alho amassado e 1 cebola picada em pedaços bem pequenos em uma frigideira com 3 colheres (sopa) de azeite por 3-4 minutos até ficarem tenros. Acrescente o creme de beterraba e 500 g de arroz basmati cozido e refogue, em fogo alto, por 4-5 minutos, até ferver. Tempere com sal e pimenta-do-reino e coloque um punhado de cebolinha--francesa e endro. Sirva com creme de leite fresco, beterraba em cubos e endro picado.

30 Pilaf picante de beterraba

Aqueça 2 colheres (sopa) de óleo e 2 colheres (sopa) de manteiga em uma caçarola e refogue 2 echalotas picadas e 1 dente de alho picado por 1-2 minutos em fogo médio. Acrescente uma canela em pau, 3 colheres (chá) de sementes de cominho, 1 colher (chá) de curry em pó, 1 colher (chá) de sementes de coentro trituradas, 400 g de arroz basmati, 300 g de beterraba descascada e cozida em cubos pequenos e 1 cenoura em fatias finas. Mexa bem e junte 900 ml de caldo quente de legumes e ferva. Tampe a panela e diminua o fogo para uma temperatura baixa. Cozinhe por 10-12 minutos sem remover a tampa. Retire do fogo e reserve por 10 minutos. Depois, solte o arroz com um garfo e sirva.

30 Curry verde de legumes

4 porções

1 colher (sopa) de óleo de girassol
3 colheres (sopa) de pasta tailandesa de curry verde
2 pimentas vermelhas sem sementes (se quiser um curry mais apimentado)
400 ml de leite de coco
200 ml de caldo de legumes
1 colher (sopa) de raspas de limão
2 colheres (sopa) de molho de soja
1 colher (sopa) de açúcar mascavo
200 g de cenoura em fatias grossas
250 g de abóbora em cubos de 1,5 cm
100 g de vagem
10 colheres (sopa) de folhas de coentro bem picadinhas
suco de 1 limão
arroz de jasmim cozido no vapor, para servir

- Aqueça o óleo em uma caçarola ou wok. Acrescente a pasta de curry e a pimenta vermelha (se for usá-la) e refogue por 2-3 minutos.
- Coloque o leite de coco, o caldo, as raspas de limão, o molho de soja, o açúcar, as cenouras e a abóbora. Cozinhe destampado em fogo brando por 6-8 minutos, mexendo de vez em quando.
- Adicione a vagem e continue a cozinhar em fogo brando por 4-5 minutos.
- Remova do fogo e coloque o coentro e o suco de limão.
- Sirva em tigelas aquecidas com o arroz de jasmim cozido no vapor.

---

10 Sopa leve de legumes com curry tailandês verde Coloque 1 colher (sopa) de pasta tailandesa de curry verde em uma caçarola com 400 ml de leite de coco e 300 ml de caldo de legumes. Leve ao fogo para ferver e acrescente 200 g de vagem, 200 g de ervilhas e 400 g de milho. Cozinhe por 5-6 minutos, remova do fogo e coloque 6 colheres (sopa) de coentro picado e o suco de 1 limão. Sirva imediatamente.

20 Arroz de legumes com curry tailandês verde Aqueça 1 colher (sopa) de óleo de girassol em um wok grande ou frigideira, acrescente 2 echalotas fatiadas e 200 g de cenoura cortada em cubos pequenos, abóbora e vagens fatiadas. Refogue tudo em fogo alto por 4-5 minutos e junte 2 colheres (sopa) de pasta tailandesa de curry verde e 200 ml de leite de coco. Mexa e cozinhe em fogo alto por 4-5 minutos, adicionando, na sequência, 500 g de arroz basmati cozido. Mantenha por 3-4 minutos, até os ingredientes se misturarem bem e ferverem. Polvilhe um punhado de coentro picado, tempere e sirva.

30 Cogumelos à moda rústica italiana com polenta

4 porções

150 g de fubá pré-cozido
1 colher (sopa) de folhas de alecrim picadas
1 colher (sopa) de folhas de sálvia picadas
8 colheres (sopa) de folhas de salsinha picadas
8 colheres (sopa) de manteiga
1,5 litro de caldo quente de legumes
750 g de cogumelos portobello grandes em fatias grossas
3 dentes de alho amassados
8 colheres (sopa) de queijo cremoso com alho e ervas
½ colher (chá) de pimenta-calabresa em flocos
sal e pimenta-do-reino moída na hora

- Coloque o fubá, o alecrim, a sálvia, metade da salsinha e metade da manteiga em uma caçarola em fogo médio e vá acrescentando, aos poucos, o caldo de legumes, mexendo sem parar.
- Abaixe o fogo, tempere bem e continue mexendo até a polenta engrossar e começar a borbulhar (aproximadamente 6-8 minutos). Remova do fogo e mantenha quente.
- Enquanto isso, aqueça, em fogo alto, o restante da manteiga em uma frigideira grande antiaderente. Acrescente os cogumelos e o alho e refogue por 6-8 minutos. Tempere bem e junte o queijo cremoso e a pimenta-calabresa. Refogue por 2-3 minutos até borbulhar. Tire do fogo e adicione o restante da salsinha.
- Sirva imediatamente o refogado de cogumelos sobre a polenta em pratos aquecidos.

---

10 Massa com molho cremoso de cogumelos Cozinhe 375 g da massa de sua preferência, conforme as instruções da embalagem. Enquanto isso, aqueça uma frigideira grande em fogo alto e acrescente 2 colheres (sopa) de manteiga, 2 dentes de alho picados e 750 g de cogumelos portobello. Refogue por 3-4 minutos e coloque 200 g de queijo cremoso com alho e ervas. Tempere, mexa bem e adicione 3 colheres (sopa) de salsinha picada. Sirva sobre a massa.

20 Mix de cogumelos com polenta grelhada Corte 500 g de polenta pré-pronta em fatias grossas e reserve. Aqueça 3 colheres (sopa) de manteiga em uma frigideira grande. Junte 750 g de cogumelos variados fatiados e 1 colher (sopa) de folhas de tomilho. Tempere bem e refogue por 6-8 minutos. Aumente o fogo e acrescente 2 dentes de alho picados. Frite por 30 segundos, coloque 50 ml de vinho tinto e cozinhe por mais 2 minutos. Enquanto isso, grelhe a polenta em chapa preaquecida por 1-2 minutos. Divida em 4 porções. Despeje o creme de cogumelos fresco sobre a polenta e sirva.

30 Tabule de quinoa com ervas, azeitonas e pepino

4 porções

1 pepino descascado, sem sementes e cortado em fatias finas
1 cebola roxa fatiada fina
suco de 1 limão-siciliano
suco de ½ laranja
200 g de quinoa
600 ml de caldo de legumes
1 colher (sopa) de azeite
4 colheres (sopa) de coentro picado
4 colheres (sopa) de hortelã picada
4 colheres (sopa) de salsinha picada
100 g de azeitonas verdes sem caroço
100 g de pimenta-cereja ou pimenta-biquinho escorrida e picada grosseiramente
sal e pimenta-do-reino moída na hora

- Coloque o pepino e a cebola roxa em uma tigela, tempere bem e adicione os sucos de limão e laranja. Cubra e reserve.
- Passe a quinoa em água fria em uma peneira. Escorra bem e coloque-a em uma caçarola em fogo médio. Mexa continuamente por 3-4 minutos, até os grãos se separarem e começarem a dourar.
- Acrescente o caldo e ferva. Na sequência, abaixe o fogo e cozinhe por 15 minutos até o líquido evaporar. Transfira para uma tigela grande e regue com azeite.
- Coloque sobre a quinoa a mistura de pepino, cebola, ervas picadas, azeitonas e a pimenta-cereja.
- Verifique o tempero, mexa bem e sirva.

10 Salada de arroz com pepino e ervas

Substitua a quinoa da receita anterior por 300 g de arroz cozido e frio. Junte 200 g de brotos de feijão e 12 rabanetes fatiados à mistura de pepino, mais cebola, ervas picadas, azeitonas e pimenta-cereja. Mexa bem e sirva.

20 Sopa de pepino com ervas, azeitonas e quinoa

Coloque 1 litro de caldo quente de legumes em uma caçarola com 2 pepinos em fatias finas, 100 g de azeitonas verdes picadas e 100 g de pimenta--cereja picada. Ferva, sem a tampa, por 12-15 minutos e, na sequência, acrescente 50 g de quinoa cozida. Tempere e sirva imediatamente.

10 Salada de tagliati com gorgonzola, tomate-cereja e espinafre

4 porções

400 g de tagliati cozido e frio (ou qualquer massa tubular)
50 g de espinafre
400 g de tomates-cereja cortados ao meio
4 cebolinhas fatiadas
200 ml de molho de gorgonzola pronto
sal e pimenta-do-reino moída na hora

- Coloque a massa cozida e fria em uma saladeira com o espinafre, os tomates-cereja e a cebolinha.
- Regue com o molho de gorgonzola.
- Tempere a gosto, misture bem e sirva imediatamente.

20 Penne com espinafre, tomate e queijo Cozinhe 275 g de penne. Enquanto isso, aqueça 350 g de molho pronto de quatro queijos e coloque 300 g de tomates-cereja cortados ao meio e 100 g de espinafre em uma caçarola grande. Misture bem e cozinhe em fogo baixo, até o espinafre murchar. Adicione a massa escorrida, tempere e sirva imediatamente.

30 Fusilli com queijo, espinafre e tomate Cozinhe, por 8-10 minutos, 275 g de fusilli em uma panela grande com água e um pouco de sal, escorra bem e reserve. Enquanto isso, derreta 40 g de manteiga em uma caçarola em fogo médio, acrescente 40 g de farinha de trigo e mexa para formar uma pasta espessa, cozinhando por alguns minutos. Adicione 600 ml de leite aquecido e mexa de vez em quando. Cozinhe por 10-15 minutos até engrossar e homogeneizar o molho. Coloque 100 g de espinafre picado e 100 g de tomates-cereja e tempere bem. Remova do fogo, junte 200 g de queijo cheddar e mexa até derreter e incorporar bem. Adicione o fusilli e agregue bem o molho. Transfira a mistura para um refratário. Polvilhe 50 g de cheddar e leve ao forno preaquecido. Cozinhe até o queijo dourar e borbulhar. Sirva imediatamente.

30 Kedgeree com mix de feijões

4 porções

4 ovos
2 colheres (sopa) de azeite
1 cebola picada
2 colheres (sopa) de curry em pó
250 g de arroz longo
750 ml de caldo de legumes
800 g de feijões variados cozidos e escorridos
150 ml de creme de leite fresco com gotas de limão (sour cream)

Para decorar

2 tomates bem picados
3 colheres (sopa) de ervas frescas picadas

- Cozinhe os ovos e coloque-os em água corrente para esfriar. Descasque-os, corte-os em cunhas e reserve.
- Enquanto isso, aqueça o azeite e refogue a cebola por 3-4 minutos até amolecer.
- Adicione o curry e o arroz à mistura e, em seguida, o caldo. Ferva tudo, tampe a panela e cozinhe em fogo brando por 10-15 minutos, até o arroz atingir o ponto.
- Acrescente os feijões cozidos e o sour cream. Tempere a gosto e espalhe os ovos, os tomates e as ervas.

---

10 Salada de arroz, tomate e mix de feijões

Salada de arroz, tomate e mix de feijões Coloque 800 g de feijões variados cozidos em uma tigela grande com 4 tomates picados, 1 cebola roxa picada, 4 colheres (sopa) de endro picado e 250 g de arroz longo cozido. Junte 1 colher (sopa) de curry em pó com 200 ml de molho French para saladas, misture bem e sirva.

20 Caldo picante de feijões e arroz

Aqueça 1 colher (sopa) de azeite em uma panela e acrescente 1 cebola picada e 1 colher (sopa) de curry em pó. Refogue por 1-2 minutos e adicione 1 litro de caldo quente de legumes, 800 g de feijões variados cozidos, 2 tomates picados e 75 g de arroz longo. Ferva tudo e cozinhe, sem a tampa, por 15 minutos, até o arroz ficar macio. Tempere, adicione 4 colheres (sopa) de coentro picado e sirva em tigelas aquecidas.

30 Linguine ao pesto de pecorino e couve

4 porções

375 g de linguine
300 g de couve
2 colheres (sopa) de azeite
3 dentes de alho amassados
100 g de pinholes torrados
100 g de mascarpone
100 g de queijo pecorino ralado, mais um pouco para decorar
½ colher (chá) de noz-moscada ralada
sal e pimenta-do-reino moído na hora

- Cozinhe o linguine conforme as instruções da embalagem.
- Enquanto isso, lave bem a couve, remova as partes duras e pique grosseiramente.
- Aqueça o azeite em uma panela e doure o alho por 2-3 minutos. Acrescente a couve, tampe e cozinhe por 2-3 minutos, até começar a murchar.
- Bata os pinholes no processador (ou liquidificador) até formarem uma pasta homogênea. Junte o mascarpone, o pecorino e a noz-moscada. Processe novamente.
- Adicione a couve e bata até ficar homogêneo. Tempere a gosto.
- Escorra a massa e retorne à panela. Acrescente o pesto e misture bem. Sirva com as lascas de pecorino.

---

10 **Sopa de tomate e pesto** Aqueça 800 g de sopa instantânea de creme de tomate até ferver e coloque em pratos fundos. Em cada prato, adicione 4 colheres (sopa) do pesto de couve e pecorino (da receita anterior) em espiral e espalhe 100 g de croûtons prontos. Sirva imediatamente.

20 **Fritada de linguine, couve e pecorino** Misture 400 g de linguine cozido com 4 ovos batidos e 10 colheres (sopa) do pesto de couve e pecorino (da receita anterior). Tempere bem. Preaqueça o forno a uma temperatura média-alta. Aqueça 2 colheres (sopa) de azeite em uma frigideira grande com cabo refratário e adicione a mistura da massa, ovos e pesto. Achate a fritada com uma colher e mantenha em fogo médio por 8-10 minutos. Depois de frita, coloque no forno preaquecido por mais 4-5 minutos até dourar. Sirva em seguida com salada verde crocante.

30 Chilli de mix de feijões

4 porções

2 colheres (sopa) de azeite
1 cebola bem picada
4 dentes de alho amassados
1 colher (chá) de pimenta-calabresa em flocos
2 colheres (chá) de cominho em pó
1 colher (chá) de canela
400 g de tomates pelados em lata
400 g de feijões variados cozidos e escorridos
400 g de feijão-vermelho com gotas de tabasco
sal e pimenta-do-reino moída na hora

Para servir

4 colheres (sopa) de creme de leite com gotas de limão (sour cream)
25 g de coentro bem picado
tortilhas de milho assadas

- Aqueça o azeite em uma caçarola e acrescente a cebola e o alho. Refogue por 3-4 minutos e junte a pimenta--calabresa, o cominho e a canela.
- Refogue por 2-3 minutos e adicione o tomate. Ferva a mistura, abaixe o fogo para a temperatura média e deixe cozinhar por 10 minutos.
- Junte os feijões e cozinhe por 3-4 minutos, até ficarem aquecidos o suficiente. Tempere bem e sirva em 4 tigelas quentes.
- Adicione às porções 1 colher (sopa) de sour cream e decore com coentro picado. Sirva imediatamente com tortilhas de milho.

---

10 Bruschettas de mix de feijões Bata meia cebola em um processador com 2 dentes de alho amassados, 1 colher (chá) de pimenta--calabresa em flocos, 100 g de tomates picados, 400 g de mix de feijões cozidos e escorridos e 4 colheres (sopa) de salsinha picada, até ficar homogêneo. Tempere e espalhe a pasta em uma ciabatta tostada (ou pão italiano fatiado), regue com um pouco de azeite e sirva.

20 Tortilha mexicana assada Coloque o chilli de mix de feijões da receita acima em um refratário médio levemente untado. Adicione uma camada de 200 g de chips de tortilha, bata 200 ml de sour cream com 3 ovos e despeje sobre ela. Polvilhe 100 g de cheddar ralado e leve ao forno em temperatura média-alta por 15 minutos, até a tortilha borbulhar e ficar levemente dourada. Sirva quente ou morno.

20 Cavatappi com aspargos, vagem e pesto

4 porções

400 g de cavatappi (ou outra massa tubular curva)
200 g de aspargos frescos cortados ao meio
200 g de vagens cortadas ao meio
2 colheres (sopa) de azeite
2 colheres (sopa) de farinha de rosca
6 colheres (sopa) de creme de leite fresco
6 colheres (sopa) de pesto pronto
4 colheres (sopa) de parmesão fresco ralado na hora
sal e pimenta-do-reino moída na hora

- Em uma panela grande, coloque água e um pouco de sal. Deixe ferver, acrescente a massa e cozinhe, conforme as instruções da embalagem, juntando os aspargos e as vagens nos últimos 2 minutos de cozimento.
- Aqueça o azeite em uma frigideira pequena e doure a farinha de rosca com uma pitada de sal.
- Escorra a massa e os vegetais e retorne-os à panela com o creme de leite, o pesto e uma boa quantidade de pimenta-do-reino.
- Sirva as porções em tigelas quentes, salpicadas com a farinha de rosca crocante e o parmesão fresco ralado.

10 Salada de batata com aspargos e pesto Coloque 400 g de aspargos branqueados em uma tigela com 400 g de batata bolinha fervida e cortada ao meio e 300 g de tomates-cereja cortados ao meio. Junte 200 g de creme de leite fresco com 6 colheres (sopa) de pesto pronto, tempere e adicione sobre a salada. Misture bem e sirva.

30 Risoto de aspargos com vagem e pesto Aqueça 2 colheres (sopa) de azeite e 2 colheres (sopa) de manteiga em uma caçarola. Quando a manteiga estiver borbulhando, acrescente 1 cebola picada, 2 dentes de alho picados e refogue por 2-3 minutos. Adicione 375 g de arroz arbóreo, 200 g de aspargos frescos e 200 g de vagens cortadas ao meio. Mexa bem e mantenha por 1-2 minutos. Junte 150 ml de vinho branco seco e cozinhe em fogo baixo por 1 minuto, mexendo sem parar. Abaixe o fogo, coloque 1,2 litro de caldo quente de legumes aos poucos e continue mexendo, até que cada porção seja absorvida e o arroz fique cremoso e *al dente*. Tire do fogo e coloque 50 g de parmesão ralado e 4 colheres (sopa) de pesto fresco. Tempere bem e sirva imediatamente.

30 Huevos rancheros

4 porções

2 colheres (sopa) de azeite
1 cebola cortada em fatias finas
1 pimenta vermelha sem sementes e bem picada
1 dente de alho amassado
1 colher (chá) de cominho em pó
1 colher (chá) de orégano seco
400 g de tomates pelados em lata picados
200 g de pimentões vermelhos e amarelos assados, em conserva, escorridos e picados
4 ovos
sal e pimenta-do-reino moída na hora
4 colheres (sopa) de coentro picado, para decorar

- Aqueça o azeite em uma frigideira grande e acrescente a cebola, a pimenta vermelha, o alho, o cominho e o orégano.
- Refogue por 5 minutos até ficarem tenros e adicione os tomates e os pimentões, mantendo por mais 5 minutos. Caso o molho aparente estar seco, ponha um pouco de água.
- Tempere bem e abra 4 espaços na mistura. Quebre os ovos, coloque um em cada espaço e tampe a panela. Cozinhe por 5 minutos, ou até os ovos ficarem firmes.
- Sirva imediatamente, enfeitando com coentro picado.

---

10 **Ovos mexidos picantes à mexicana** Aqueça 1 colher (sopa) de azeite e 1 colher (sopa) de manteiga em uma frigideira grande. Bata 8 ovos com 1 dente de alho amassado, 1 pimenta vermelha picadinha, 1 colher (chá) de orégano seco e 1 colher (chá) de cominho em pó. Tempere, coloque na frigideira e deixe em temperatura média-baixa, mexendo sempre, ou até os ovos ficarem no ponto a seu gosto. Sirva com tortilhas quentes e decore com coentro picado.

---

20 **Molho à moda mexicana** Aqueça 2 colheres (sopa) de azeite em uma frigideira grande e acrescente 1 cebola bem picada, 1 pimenta vermelha bem picada, 1 colher (chá) de cominho em pó, 1 colher (chá) de orégano em pó, 800 g de tomates pelados em lata picados e 200 g de pimentões assados, em conserva e escorridos. Tempere, deixe ferver e apure em temperatura média por 12-15 minutos. Coloque um punhado de coentro picado e sirva sobre massas ou arroz cozidos.

30 Rigatoni com tomate fresco, pimenta vermelha, alho e manjericão

4 porções

6 tomates italianos maduros e grandes
1 colher (sopa) de azeite extravirgem
2 dentes de alho cortados em cubinhos
1 pimenta vermelha sem sementes e cortada em cubinhos
75 ml de caldo de legumes
25 g de folhas de manjericão fresco picadas
375 g de rigatoni
parmesão fresco ralado, para servir (opcional)
sal e pimenta-do-reino moída na hora

- Escalde os tomates em uma tigela com água fervente. Deixe por 1-2 minutos, escorra e faça um corte superficial para tirar a pele.
- Na sequência, divida-os ao meio na transversal, tire as sementes e então corte a polpa em cubinhos.
- Aqueça o azeite em uma frigideira grande antiaderente, acrescentando o alho e a pimenta vermelha. Frite em temperatura média-baixa por 1-2 minutos até sentir o aroma do alho, mas não deixe dourar.
- Acrescente os tomates, o caldo e o manjericão. Tempere bem e mexa por 6-8 minutos até engrossar.
- Enquanto isso, cozinhe o rigatoni, conforme as instruções da embalagem, escorra e misture com o molho de tomate.
- Coloque as porções em pratos fundos e sirva com parmesão ralado, se preferir.

10 Molho frio de tomate fresco, pimenta vermelha e manjericão

Pique 6 tomates italianos em pedacinhos e coloque-os em uma tigela com 2 dentes de alho amassados, 1 pimenta vermelha picada e 50 g de folhas de manjericão picadas. Adicione 8 colheres (sopa) de azeite extravirgem e tempere bem. Sirva sobre massas, cuscuz marroquino ou arroz.

20 Rigatoni ao forno com tomate, pimenta vermelha e muçarela

Preaqueça o forno a uma temperatura média-alta. Coloque 500 g de rigatoni cozido em uma travessa refratária rasa e 700 g de molho de tomate e manjericão pronto. Tempere, acrescente a pimenta vermelha bem picada, misture bem e cubra com 400 g de muçarela fatiada. Asse por 15-20 minutos até dourar e borbulhar. Sirva imediatamente.

30 Dahl de espinafre com tomate-cereja

4 porções

300 g de lentilhas vermelhas
200 ml de leite de coco
600 ml de caldo de vegetais
1 colher (chá) de cominho em pó
1 colher (chá) de coentro em pó
1 colher (chá) de cúrcuma
1 colher (chá) de gengibre em pó
300 g de espinafre picado
200 g de tomates-cereja
¼ de colher (chá) de garam masala
25 g de coentro picado
sal e pimenta-do-reino moída na hora
naan ou arroz, para servir

Para o tempero tarka

2 colheres (sopa) de óleo de girassol
4 echalotas em fatias finas
3 dentes de alho em fatias finas
1 colher (chá) de gengibre picado
¼ de pimenta vermelha em pó
2 colheres (chá) de sementes de cominho
1 colher (chá) de mostarda-preta em grãos

- Lave as lentilhas em água corrente até que a água fique límpida. Escorra e leve a uma caçarola grande, adicionando o leite de coco, o caldo, o cominho, o coentro, a cúrcuma e o gengibre. Ferva e retire a espuma que se formar. Tampe a panela e cozinhe as lentilhas em fogo brando por 15-20 minutos, mexendo para evitar que a mistura grude na panela.
- Acrescente o espinafre e os tomates-cereja e cozinhe por 6-8 minutos, até as lentilhas ficarem tenras e macias. Ponha um pouco de caldo ou água se a mistura estiver muito grossa.
- Enquanto isso, faça o tarka. Aqueça o óleo e coloque as echalotas, o alho, o gengibre, a pimenta, as sementes de cominho e a mostarda-preta, mexendo sempre. Refogue por 3-4 minutos, até as echalotas dourarem. Então, junte esse refogado com as lentilhas cozidas.
- Adicione o garam masala e o coentro picado; verifique o tempero e sirva com naan ou arroz.

---

10 Sopa de lentilhas, tomate e espinafre Aqueça 800 g de sopa instantânea ou congelada de lentilha em uma caçarola grande com 200 g de espinafre, 1 colher (sopa) de curry em pó e 200 g de tomates-cereja cortados ao meio. Ferva e deixe apurar em fogo brando por 2-3 minutos até ficar bem quente. Sirva em tigelas e regue com uma quantidade generosa de iogurte natural.

20 Curry picante de tomate-cereja e espinafre Bata 2 colheres (sopa) de gengibre ralado e 2 colheres (sopa) de alho ralado com 200 g de tomate italiano. Aqueça 100 ml de óleo de girassol, junte 400 g de tomates-cereja e frite-os por 1-2 minutos. Retire e escorra em papel-toalha. Coloque 1 colher (sopa) de óleo em uma panela e junte 2 colheres (sopa) de sementes de erva-doce e 2 colheres (sopa) de sementes da cominho preto. Refogue por 1-2 minutos e adicione a mistura de gengibre, alho e tomate e 75 g de espinafre picado. Refogue o espinafre até murchar e acrescente 1 colher (chá) de coentro em pó, 1 colher (chá) de cúrcuma e 1 colher (chá) de páprica. Tempere. Acrescente os tomates-cereja fritos e leve ao fogo médio, mexendo por 6-8 minutos, até a mistura ficar homogênea e espessa. Sirva com naan.

30 Couve-flor gratinada com queijo

4 porções

500 g de couve-flor em buquês
40 g de manteiga, mais um pouco para untar
40 g de farinha de trigo
500 ml de leite
2 folhas de louro
uma pitada de noz-moscada ralada na hora
300 g de cheddar ralado
4 colheres (sopa) de parmesão fresco ralado
sal e pimenta-do-reino moída na hora

- Para fazer o molho, derreta a manteiga em uma caçarola e junte a farinha, mantendo em fogo baixo por 2-3 minutos e mexendo de vez em quando. Enquanto isso, aqueça, sem ferver, o leite. Tire a panela do fogo e coloque pouco a pouco o leite aquecido. Mexa sem parar. Acrescente as folhas de louro, a noz-moscada e tempere bem. Retorne em fogo baixo e cozinhe por 10-12 minutos, até que o molho não tenha mais gosto de farinha. Remova as folhas de louro. Ponha o cheddar e tire do fogo.
- Preaqueça o forno a uma temperatura média-alta.
- Enquanto isso, cozinhe a couve-flor em água fervente por 5-6 minutos. Escorra bem e coloque-a em um refratário untado com manteiga e cubra com o molho.
- Polvilhe parmesão e gratine no forno preaquecido por 1 minuto, até dourar. Sirva imediatamente.

---

10 Couve-flor rápida com queijo e mostarda Aqueça 400 g de molho branco pronto com 4 colheres (sopa) de cheddar ralado. Enquanto isso, cozinhe 875 g de couve-flor por 5-6 minutos ou até ficar macia e coloque em uma tigela de servir. Misture 2 colheres (sopa) de mostarda de Dijon com o molho aquecido e cubra a couve-flor. Tempere, misture bem e sirva com pão italiano.

---

20 Sopa cremosa de couve-flor Coloque 500 g de couve-flor, 1 cebola picada e 1 dente de alho amassado em uma panela com 900 ml de caldo quente de legumes. Ferva, tampe e apure por mais 12-15 minutos em fogo médio. Acrescente 300 ml de creme de leite e aumente o fogo. Tire do fogo e bata com um mixer até a mistura ficar homogênea. Tempere e coloque 200 g de cheddar ralado antes de servir.

20 Arroz à jardineira

4 porções

2 colheres (sopa) de óleo de girassol
6 cebolinhas cortadas em pedaços de 2,5 cm de comprimento
2 dentes de alho amassados
1 colher (chá) de gengibre ralado na hora
1 pimentão vermelho sem sementes e bem picado
1 cenoura descascada e cortada em cubinhos
300 g de ervilhas
500 g de arroz branco longo cozido
1 colher (sopa) de shoyu
1 colher (sopa) de molho chinês de pimenta doce
coentro picado e folhas de hortelã para decorar

- Aqueça o óleo em um wok antiaderente e coloque a cebolinha, o alho e o gengibre. Refogue por 4-5 minutos e acrescente o pimentão vermelho, a cenoura e as ervilhas. Mantenha em fogo alto por mais 3-4 minutos.
- Coloque o arroz, o shoyu e o molho de pimenta. Refogue por 3-4 minutos, até o arroz ficar bem quente.
- Tire do fogo e sirva imediatamente, enfeitando com as ervas picadas.

10 Yakisoba com legumes rápido

Aqueça 2 colheres (sopa) de óleo em um wok e acrescente 300 g de seleta de legumes em conserva ou cogelada. Refogue por 2-3 minutos em fogo alto e acrescente 600 g de macarrão instantâneo e 125 g de molho oriental tipo stir-fry. Refogue por 1-2 minutos, até aquecer bem, e sirva imediatamente.

30 Vegetais chineses à moda Sichuan

Aqueça 2 colheres (sopa) de óleo vegetal em um wok ou frigideira e acrescente 2 echalotas picadas, 2 pimentas vermelhas em fatias finas, 2 colheres (chá) de gengibre ralado na hora, 2 colheres (chá) de alho amassado, 1 colher (chá) de pimenta Sichuan em grãos triturada e uma pitada de sal. Refogue tudo por 1 minuto, acrescente 150 g de tofu firme cortado em cubos e mantenha por mais 2 minutos. Transfira para um prato. Corte 1 cenoura à juliana e 2 pimentões vermelhos em fatias finas, pique 200 g de vagem, aqueça 2 colheres (sopa) de óleo de girassol e refogue os legumes até começarem a murchar. Acrescente 4 colheres (sopa) de shoyu light e 2 colheres (sopa) de sakê. Retorne o refogado de tofu e os condimentos ao wok e misture tudo. Regue com 1 colher (sopa) de óleo de gergelim e sirva com macarrão instantâneo cozido ou arroz frito.

30 Pappardelle com tomate e berinjela

4 porções

4 colheres (sopa) de azeite extravirgem
1 berinjela grande cortada em cubos de aproximadamente 1,5 cm
1 cebola pequena cortada em cubinhos
2 dentes de alho amassados
350 g de molho de tomate com manjericão pronto
375 g de pappardelle ou tagliatelle secos
250 g de muçarela de búfala escorrida e cortada em cubos

Para decorar

4 colheres (sopa) de parmesão fresco ralado (opcional)
folhas de manjericão (opcional)

- Ferva água com um pouco de sal em uma panela grande.
- Aqueça o azeite em uma frigideira grande em temperatura média-alta. Acrescente a berinjela, a cebola e refogue por 5 minutos.
- Coloque o alho e mantenha por mais 1 minuto. Junte o molho de tomate e 200 ml de água à panela, apure em fogo brando, por 8-10 minutos, até as berinjelas ficarem macias. Tempere a gosto.
- Enquanto isso, cozinhe a massa, conforme as instruções da embalagem. Tire do fogo, escorra e retorne à panela.
- Leve a muçarela ao molho e aqueça até começar a derreter. Incorpore o molho ao macarrão, misture bem, polvilhe parmesão e enfeite com as folhas de manjericão, se preferir.

---

10 Pizza de tomate, muçarela e berinjela Preaqueça o forno a uma temperatura de 220 °C. Coloque dois discos de pizza prontos em 2 assadeiras e espalhe o molho de tomate e berinjela da receita anterior. Espalhe 250 g de muçarela de búfala cortada em cubos e leve ao forno por 8-10 minutos. Sirva imediatamente.

---

20 Salada de berinjela grelhada, tomate e manjericão Fatie 2 berinjelas grandes e pincele com azeite. Grelhe-as em uma chapa preaquecida por 2-3 minutos, até ficarem tenras. Transfira-as para um prato com 4 tomates grandes e maduros fatiados e 250 g de muçarela de búfala fatiada. Misture 6 colheres (sopa) de azeite com 1 dente de alho amassado e suco de 1 limão-siciliano. Tempere e regue sobre a salada. Espalhe um punhado de folhas de manjericão e sirva.

10 Salada de milho tex-mex

4 porções

400 g de milho-verde em lata escorrido
400 g de pimentões vermelhos assados, em conserva, escorridos e fatiados
1 cebola roxa picada
4 colheres (sopa) de pimenta jalapeño picada
400 g de feijão-vermelho cozido e sem o caldo
4 colheres (sopa) de salsinha picada
6 colheres (sopa) de molho de salada pronto
sal e pimenta-do-reino moída na hora

- Coloque o milho em uma tigela com os pimentões, a cebola, a pimenta e o feijão-vermelho. Espalhe a salsinha picada.
- Regue com o molho de salada, tempere, misture tudo e sirva imediatamente.

---

20 Refogado de batata com milho e pimentão Cozinhe 400 g de batata cortada em cubos por 5 minutos. Escorra bem. Aqueça 2 colheres (sopa) de óleo e 2 colheres (sopa) de manteiga em temperatura média. Coloque as batatas e refogue por 5-6 minutos, virando-as. Acrescente 1 pimentão vermelho cortado em cubos e mantenha por 2-3 minutos. Junte 400 g de milho em lata e coloque 1 pimenta vermelha picada, 6 cebolinhas picadas e 2 dentes de alho. Tempere e refogue por 5 minutos até cozinhar bem. Enquanto isso, frite 4 ovos e sirva o refogado em pratos quentes com os ovos por cima.

30 Fritada de milho e pimentão vermelho Aqueça 2 colheres (sopa) de azeite em uma frigideira. Acrescente 1 cebola roxa picada e refogue por 2-3 minutos. Coloque 200 g de ervilhas e refogue por 1-2 minutos. Junte 400 g de milho em lata escorrido e 400 g de pimentões vermelhos em conserva, escorridos e picados. Refogue por 1-2 minutos. Enquanto isso, preaqueça o forno a uma temperatura média. Ainda na mesma panela, coloque, aos poucos, 4 ovos batidos sobre a mistura de legumes. Tempere bem e polvilhe 4 colheres (sopa) de salsinha picada. Mantenha em fogo médio até a base da fritada ficar firme. Tire a panela do fogo e leve ao forno por 3-4 minutos, até que a parte de cima fique firme e levemente dourada. Corte em triângulos e sirva com salada.

30 Quesadillas de queijo defumado, pimentão e espinafre

4 porções

300 g de espinafre
200 g de pimentões vermelhos assados, em conserva, escorridos e picados
8 cebolinhas picadas
200 g de queijo defumado em cubinhos
150 g de cheddar ralado
1 pimenta vermelha picada e sem sementes
4 colheres (sopa) de folhas de coentro picadas
8 tortilhas macias
sal e pimenta-do-reino moída na hora
azeite, para untar
creme de leite com gotas de limão (sour cream)

- Cozinhe o espinafre em uma panela grande com água e um pouco de sal por 1-2 minutos. Escorra bem. Leve para uma tigela com o pimentão, a cebolinha, o queijo defumado, o cheddar, a pimenta vermelha e o coentro. Tempere e misture bem.
- Espalhe ¼ da mistura de espinafre e queijos em uma tortilha, feche com outra e pressione. Faça mais 3 quesadillas seguindo o mesmo procedimento. Unte 2 frigideiras grandes com um pouquinho de azeite e coloque em fogo médio. Ponha 1 quesadilla em cada uma e frite por 2 minutos até dourar. Inverta-as em um prato e leve-as novamente à frigideira por mais 2 minutos, até o recheio ficar quente e o queijo, derretido. Repita o processo com as outras duas.
- Corte cada quesadilla em 4 e sirva com sour cream.

---

10 Lamen com pimentão e espinafre Aqueça 3 colheres (sopa) de azeite em um wok e acrescente 8 cebolinhas picadas, 2 dentes de alho amassados, 1 pimenta vermelha, 400 g de pimentões vermelhos assados, em conserva, escorridos e fatiados e 300 g de espinafre. Refogue por 4-5 minutos em fogo alto até o espinafre murchar. Junte 400 g de macarrão instantâneo e 6 colheres (sopa) de molho chinês de pimenta doce. Cozinhe por mais 1-2 minutos até aquecer.

20 Veggie cheeseburguer com espinafre, pimentão e queijo defumado Aqueça 2 colheres (sopa) de azeite em um wok grande (ou frigideira), acrescente 6 cebolinhas cortadas em fatias finas e 200 g de espinafre. Refogue por 5-6 minutos até o espinafre murchar. Tempere e reserve. Corte ao meio 4 pães de hambúrguer, aqueça-os e espalhe 2 colheres (sopa) de maionese em cada metade. Distribua 200 g de pimentões assados, em conserva, escorridos e fatiados entre as 4 bases de pão e coloque por cima a mistura do espinafre e 2 fatias de queijo defumado. Cubra com a outra metade dos pães, pressione levemente e sirva.

10 Salada de triguilho com ervas e grão-de-bico

4 porções

400 g de grão-de-bico em lata escorrido
100 g de triguilho cozido
200 g de pimentões vermelhos assados, em conserva, escorridos e picados
um punhado grande de endro picado
um punhado grande de coentro picado
6 colheres (sopa) de azeite
suco de 1 laranja
1 colher (chá) de cominho em pó
sal e pimenta do reino moída na hora

- Coloque o grão-de-bico em uma tigela com o triguilho e os pimentões. Acrescente o endro e o coentro.
- Misture o azeite, o suco de laranja, o cominho e tempere bem. Regue a salada com o molho, misture tudo e sirva imediatamente.

---

20 Pilaf com grão-de--bico e ervas Aqueça 2 colheres (sopa) de manteiga e 2 colheres (sopa) de óleo em uma caçarola e acrescente 1 cebola roxa picada, 2 dentes de alho picados, 2 colheres (chá) de cominho em pó, 1 colher (chá) de canela em pó e cozinhe por 1-2 minutos. Adicione 400 g de arroz basmati, 400 g de grão-de-bico em lata (escorrido), 4 colheres (sopa) de endro picadinho e 900 ml de caldo quente de legumes. Tempere bem, ferva, tampe a panela e abaixe o fogo. Cozinhe por 10 minutos, tire do fogo e deixe descansar por 8-10 minutos. Solte os grãos de arroz com um garfo e sirva.

30 Pilaf turco de triguilho com grão-de-bico Aqueça 2 colheres (sopa) de azeite em uma panela grande. Acrescente 1 cebola roxa picada e frite em temperatura média-baixa por 10-12 minutos, até ficar levemente dourada. Coloque 1 dente de alho amassado, 1 colher (chá) de cominho em pó, 1 colher (chá) de canela em pó e 175 g de triguilho e refogue por 1-2 minutos para tostar levemente os grãos. Despeje 350 ml de caldo quente de legumes, mexa bem e deixe ferver. Tampe a panela, reduza o fogo a uma temperatura média-baixa e cozinhe por 6-8 minutos, até que o líquido seja absorvido. Tire do fogo e adicione 200 g de pimentões vermelhos assados, em conserva, escorridos e picados e, por último, 400 g de grão-de-bico em lata. Tampe e deixe apurar por 5-10 minutos. Pouco antes de servir, destampe e separe os grãos com a ajuda de um garfo, misturando-os com os pimentões. Incorpore com cuidado 25 g de endro picado, 25 g de salsinha picada e 2 colheres (sopa) de hortelã picada. Por último, polvilhe queijo de cabra. Tempere a gosto e sirva quente, morno ou frio.

10 Salada asiática com sobá

4 porções

625 g de macarrão sobá cozido
2 cenouras fatiadas à juliana
6 cebolinhas bem picadas
1 pimentão vermelho em tiras finas
4 colheres (sopa) de molho de soja
3 colheres (sopa) de óleo de gergelim
1 colher (sopa) de saquê mirin
1 colher (sopa) de açúcar
½ colher (chá) de azeite aromatizado com pimenta vermelha

- Coloque o sobá em uma tigela grande com as cenouras, as cebolinhas e o pimentão.
- Em uma tigela separada, misture o molho de soja, o óleo de gergelim, o saquê mirin, o açúcar e o azeite de pimenta vermelha. Despeje no sobá com legumes.
- Incorpore bem e sirva gelado ou à temperatura ambiente.

---

20 Salada morna de sobá e edamame Ferva água com um pouco de sal em uma panela grande e cozinhe 250 g de macarrão sobá com 250 g de edamame. Escorra-os e retorne à panela com 6 cebolinhas fatiadas. Tampe a panela e mantenha quente. Misture 1 colher (chá) de gengibre ralado na hora, 1 pimenta vermelha sem sementes e picada, 1 colher (sopa) de óleo de gergelim tostado, 3 colheres (sopa) de saquê mirin, 3 colheres (sopa) de molho de soja light e 1 colher (sopa) de mel. Despeje no macarrão e incorpore bem. Polvilhe 2 colheres (sopa) de sementes de gergelim e 4 colheres (sopa) de coentro picadinho e sirva.

---

30 Sopa de sobá e shitake Cozinhe 250 g de macarrão sobá, conforme as instruções da embalagem. Distribua o macarrão em 4 porções para servir. Enquanto isso, coloque 1 litro de caldo quente de legumes, 3 colheres (sopa) de saquê mirin, 200 g de cogumelos shitake fatiados e 5 colheres (sopa) de molho de soja em uma panela. Deixe ferver e acrescente 200 g de vagens cortadas ao meio e mantenha por mais 4-5 minutos, até elas ficarem cozidas. Prove ao temperar e acrescente mais molho de soja se necessário. Coloque o caldo com o shitake e a vagem sobre o sobá e polvilhe cebolinhas fatiadas para servir.

10 Salada com tortellini, pimentão assado e rúcula

4 porções
500 g de tortellini de ricota com espinafre pré-pronto
400 g de pimentões vermelhos e amarelos assados, em conserva e escorridos
100 g de rúcula
1 cebola roxa cortada em fatias finas
200 ml de molho italiano para salada pronto
pimenta-do-reino moída na hora

- Cozinhe o tortellini conforme as instruções da embalagem.
- Enquanto isso, pique os pimentões e coloque em uma tigela com as folhas de rúcula e a cebola. Acrescente a massa cozida.
- Cubra com o molho da salada, misture bem e polvilhe pimenta-do-reino para servir.

---

20 Tortellini ao forno com pimentões Preaqueça o forno a uma temperatura média-alta. Coloque 500 g de tortellini de ricota e espinafre pré-pronto em um prato refratário levemente untado. Acrescente 400 g de pimentões vermelhos e amarelos assados, em conserva, escorridos e picados e 400 g de tomates pelados picados com alho e ervas. Misture bem. Tempere e cubra com 350 g de molho de queijo. Leve ao forno por 4-5 minutos, até a cobertura dourar e borbulhar. Sirva quente com salada de rúcula.

---

30 Tortellini com molho de pimentões amarelos e vermelhos Corte 1 pimentão amarelo e 1 pimentão vermelho em pedaços grandes, removendo as sementes e a membrana. Disponha-os em uma chapa quente com a casca virada para baixo até a pele ficar preta e formar bolhas. Esfrie em um saco plástico e depois despele. Retire as partes brancas de 8 cebolinhas e triture-as no processador com os pimentões e 2 dentes de alho picados, no modo pulsar. Cozinhe 500 g de tortellini de ricota e espinafre pré-pronto em uma panela grande com água fervente. Escorra e retorne à panela. Adicione o molho de pimentão à massa e acrescente 6 colheres (sopa) de azeite e 40 g de parmesão. Tempere a gosto. Enfeite com cebolinha e sirva.

30 Panquecas cremosas de ervas e cogumelos

4 porções

2 colheres (sopa) de manteiga, mais um pouco para untar
300 g de cogumelos paris fatiados
6 cebolinhas fatiadas
2 dentes de alho amassados
500 g de molho pronto de quatro queijos
300 g de folhas de espinafre
4 colheres (sopa) de salsinha picadinha
2 colheres (sopa) de estragão
8 panquecas prontas
50 g de parmesão fresco ralado
sal e pimenta-do-reino moída na hora
folhas de alface, para servir

- Aqueça a manteiga em uma frigideira antiaderente grande, acrescente os cogumelos, as cebolinhas, o alho e refogue em fogo alto por 6-7 minutos.
- Coloque metade do molho de queijo e aqueça até borbulhar. Junte o espinafre e cozinhe por 1 minuto até murchar. Reserve, adicione as ervas picadas e tempere.
- Pegue 1 panqueca e coloque um oitavo do recheio no centro. Enrole-a com cuidado e disponha em um prato raso untado com manteiga. Repita o procedimento com as outras panquecas. Polvilhe o parmesão ralado e tempere a gosto. Asse-as por 3-4 minutos em forno preaquecido a uma temperatura média-alta, até ficarem bem quentes e levemente douradas.
- Tire do forno e sirva com as folhas de alface.

10 Espaguete cremoso com cogumelos

Cozinhe 375 g de espaguete, conforme as instruções da embalagem. Enquanto isso, bata 300 g de cogumelos paris em um liquidificador com 500 g de molho pronto de quatro queijos e coloque esse creme em uma panela grande para ferver. Apure em fogo brando por 2-3 minutos e adicione 4 colheres (sopa) de estragão picado. Escorra o macarrão e junte o molho de cogumelo, mexa bem, tempere e sirva imediatamente.

20 Cogumelos recheados com queijo, alho e ervas

Cogumelos recheados com queijo, alho e ervas Corte as cabeças e pique os talos de 8 cogumelos portobello grandes. Aqueça 2 colheres (sopa) de manteiga em uma frigideira antiaderente e adicione os cogumelos picados, 4 cebolinhas picadas e 1 dente de alho amassado. Refogue tudo em temperatura alta por 6-8 minutos. Tempere bem e transfira para uma tigela com 200 g de queijo cottage, 1 colher (sopa) de raspas de limão, 3 colheres (sopa) de salsinha picada e 3 colheres (sopa) de estragão picado. Coloque as cabeças dos cogumelos viradas para baixo em uma assadeira e tempere bem. Distribua o recheio entre elas e polvilhe 50 g de parmesão fresco ralado. Leve-as ao forno preaquecido a uma temperatura média-alta e asse por 6-8 minutos até ficarem douradas e borbulhando. Prepare 4 pratos para servir com 50 g de folhas de espinafre e 2 cogumelos recheados em cada um. Sirva imediatamente.

Ocasiões especiais

Listas de receitas por tempo de preparo

30

Pilaf picante com frutas 178

Crepe italiano de aspargos e queijo fontina 180

Arroz oriental com cogumelos, brócolis e feijão-preto 182

Tagliatelle com abóbora e sálvia 184

Pad Thai de legumes 186

Suflê de queijo e estragão 188

Ravioli gratinado com batata-doce e tomate-cereja ao molho de limão-siciliano 190

Salada de haloumi com pimentões e berinjela 192

Ensopado malaio de coco e legumes 194

Nasi Goreng (arroz frito da Indonésia) 196

Folhado de pesto e antepasto 198

Ratatouille zás-trás 200

Salada de cuscuz marroquino com legumes assados 202

Salada de bifum e tofu com pimenta-Sichuan 204

Tagine marroquino de legumes 206

Miniberinjela refogada com mel e especiarias 208

Suflê de brócolis e gorgonzola 210

Sopa do Oriente Médio com ervas e cebolinha 212

Aspargos grelhados com molho de alcaparras e ovos 214

Risoto de limão-siciliano e ervas 216

Bolinhos de udon com aspargos grelhados 218

Torta de tomate, camembert, queijo de cabra e ervas 220

Crumble de feijão-branco, legumes e nozes 222

Curry de ovos e tomates 224

20

Arroz especial com nozes e frutas 178

Suflê de aspargos com ervas e queijo fontina 180

Lamen com brócolis e cogumelos ao molho de feijão-preto 182

Sopa de abóbora assada, tomate e sálvia 184

Salada de macarrão com legumes à moda vietnamita 186

Fusilli gratinado com estragão e queijo 188

Ravióli com batata-doce, tomate e rúcula 190

Haloumi empanado em massa de cerveja 192

Bifum picante com coco e legumes 194

Fritada indonésia de arroz e ovos 196

Salada de rigatoni com pesto e antepasto 198

Legumes grelhados à moda mediterrânea 200

Tabule de legumes assados 202

Refogado chinês picante de legumes e tofu 204
Molho para massas à moda marroquina 206
Croquetes de berinjela à marroquina 208
Penne com brócolis grelhados e gorgonzola 210
Panquecas de cebolinha e endro 212
Tortilha de aspargos e tomate à moda espanhola 214
Tagliatelle de limão-siciliano e ervas 216
Lamen de udon, aspargos e feijão 218
Farfalle com tomates frescos e dois queijos 220
Sopa de legumes e feijão branco 222
Omelete picante à moda indiana 224

10

Cuscuz marroquino com frutas 178
Bruschetta de aspargos grelhados com queijo fontina 180
Refogado de brócolis, cogumelos e feijão-preto 182
Ravióli rápido de abóbora e sálvia 184
Salada de legumes tailandesa 186
Omelete-suflê de estragão e cheddar 188
Salada de ravióli, rúcula e tomate 190
Espetinhos de haloumi e pimentões mistos 192
Sopa asiática rápida de coco 194
Caldo picante rápido de arroz 196
Espaguete com pesto e tomate-cereja 198
Sopa espessa de legumes à moda mediterrânea 200
Cuscuz com limão-siciliano e ervas 202
Refogado de tofu à moda chinesa 204
Cuscuz marroquino 206
Refogado de berinjela e harissa 208
Sopa espessa de brócolis e gorgonzola 210
Ovos mexidos com endro, cebolinha e cream cheese 212
Salada de alface, aspargos e ovos 214
Arroz com legumes e limão-siciliano 216
Macarrão udon com aspargos 218
Baguete gigante com tomate, tapenade e dois queijos 220
Patê de feijão-branco e nozes 222
Salada rápida de ovos com molho curry 224

30

Pilaf picante com frutas

4 porções

1 colher (sopa) de pistilos de açafrão
1 litro de caldo quente de legumes
400 g de arroz basmati
1 colher (sopa) de azeite
1 colher (sopa) de manteiga
3 echalotas bem picadas
2 dentes de alho bem picados
4 bagas de cardamomo levemente maceradas
2 colheres (chá) de semente de cominho
2 cravos-da-índia
2 canelas em pau
2 cenouras descascadas e bem picadas
4 colheres (sopa) de endro picado
300 g de soja
100 g de uvas-passas douradas
100 g de mirtilos secos
sementes de 1 romã madura
50 g de pistaches sem casca
sal e pimenta-do-reino moída na hora

- Adicione o açafrão ao caldo quente e reserve.
- Lave o arroz em água corrente e escorra.
- Aqueça o azeite e a manteiga em uma panela pesada e refogue a echalota e o alho por 1-2 minutos em fogo médio.
- Acrescente as bagas de cardamomo, o cominho, o cravo, a canela, o arroz e a cenoura e misture bem. Adicione o caldo aromatizado com açafrão reservado e o endro, tempere e ferva. Em seguida, junte a soja, as uvas-passas douradas e os mirtilos secos. Cubra bem e cozinhe por 10-12 minutos em fogo baixo, sem destampar.
- Retire do fogo e deixe descansar por 10 minutos.
- Destampe (o caldo deverá ter sido completamente absorvido), misture as sementes de romã e os pistaches. Sirva imediatamente.

---

10 **Cuscuz marroquino com frutas** Coloque 400 g de cuscuz cozido em uma tigela grande com 1 cenoura cortada à juliana, 2 echalotas bem picadas, 100 g de uvas-passas douradas, 100 g de endro picado e 100 g de sementes de romã. Bata 6 colheres (sopa) de azeite com o suco de 1 laranja, 1 colher (chá) de canela em pó e 1 colher (chá) de cominho em pó. Despeje sobre o cuscuz e misture. Tempere, mexa bem e sirva.

20 **Arroz especial com nozes e frutas** Aqueça 2 colheres (sopa) de manteiga e 2 colheres (sopa) de óleo em um wok ou frigideira grande. Acrescente uma cebola cortada em rodelas finas e refogue em fogo médio-baixo por 10-12 minutos, até dourar levemente a cebola. Adicione 500 g de arroz de grão longo ou basmati já cozido com 100 ml de caldo de legumes. Refogue em fogo alto por 4-5 minutos e junte 100 g de uvas-passas douradas, 100 g de mirtilos secos, 100 g de pistaches descascados e 100 g de pinholes torrados. Refogue por 1-2 minutos, até ficar bem quente e os ingredientes todos bem incorporados. Tempere e sirva com iogurte natural.

30 Crepe italiano de aspargos e queijo fontina

4 porções

750 g de aspargos aparados
3 colheres (sopa) de azeite
15 g de parmesão fresco ralado, mais um pouco para salpicar
500 g de molho branco pronto
noz-moscada ralada na hora a gosto
12 panquecas prontas
125 g de queijo fontina, mais um pouco para salpicar

- Coloque os aspargos em uma assadeira, regue com o azeite e asse em forno preaquecido a 240 °C por 7 minutos, até ficarem macios. Reserve.
- Diminua a temperatura do forno para 220 °C.
- Misture o parmesão com o molho branco e tempere com a noz-moscada. Espalhe um pouco de molho sobre cada panqueca e cubra com os aspargos e o queijo fontina. Enrole as panquecas e coloque-as em uma assadeira.
- Regue as panquecas com o molho e polvilhe o restante do queijo e da noz-moscada. Asse por 12-15 minutos, até dourarem. Sirva imediatamente.

---

10 Bruschetta de aspargos grelhados com queijo fontina Escalde 625 g de pontas de aspargos em uma panela com água fervente e um pouco de sal por 2-3 minutos. Escorra e distribua os aspargos entre oito fatias de pão sourdough (de centeio e fermentação natural) torrado e polvilhe 200 g de queijo fontina ralado. Asse em fogo médio preaquecido por 2-3 minutos, até derreter o queijo. Tempere e sirva com salada verde crocante.

20 Suflê de aspargos com ervas e queijo fontina Unte levemente 4 ramequins com manteiga derretida. Aqueça 2 colheres (sopa) de manteiga em uma frigideira e refogue 200 g de aspargos picados e 6 cebolinhas picadas por 3-4 minutos. Em seguida, escorra bem para remover o excesso de líquido e seque. Enquanto isso, bata 4 claras em uma tigela até ficarem firmes. Em outra tigela, bata 4 gemas e adicione os aspargos refogados, 6 colheres (sopa) de endro picado, 6 colheres (sopa) de cebolinha picada e 200 g de queijo fontina ralado. Acrescente 1 colher (sopa) de mostarda de Dijon, tempere e incorpore as claras em neve. Coloque a mistura nos ramequins, enchendo-os quase até o topo. Asse em forno preaquecido a 220 °C por 12-15 minutos, até que a mistura suba um pouco. Sirva imediatamente com salada de alface e tomate.

20 Lamen com brócolis e cogumelos ao molho de feijão-preto

4 porções

1 colher (sopa) de óleo de girassol
1,5 cm de gengibre cortado em palitos
200 g de brócolis em buquês
200 g de cogumelos shitake
6 cebolinhas cortadas em tiras
1 pimentão vermelho sem sementes e fatiado
300 ml de caldo de legumes
500 g de macarrão instantâneo
2 colheres (sopa) de molho de soja
1 colher (sopa) de maisena com 2 colheres (sopa) de água

Para o molho de feijão-preto

1 colher (sopa) de molho chinês pronto de feijão-preto fermentado
1 colher (sopa) de molho de soja
2 dentes de alho amassados
1 pimenta vermelha picada e sem sementes
1 colher (sopa) de vinho de arroz chinês ou sakê

- Coloque todos os ingredientes do molho de feijão-preto no processador, bata até ficar razoavelmente homogêneo e reserve.
- Aqueça um wok em fogo alto e acrescente o óleo. Ao esfumaçar, adicione o gengibre e refogue por alguns segundos. Junte os brócolis e refogue por mais 2-3 minutos.
- Acrescente os cogumelos, as cebolinhas e a pimenta vermelha e refogue por mais 2-3 minutos.
- Despeje o molho de feijão-preto e o caldo e deixe ferver. Apure por 2-3 minutos, até os legumes ficarem macios.
- Enquanto isso, cozinhe a massa, conforme as instruções da embalagem, escorra e mantenha aquecida.
- Tempere os legumes a gosto com molho de soja, incorpore a pasta de maisena e água e apure por 1 minuto para engrossar. Sirva imediatamente com a massa.

---

10 Refogado de brócolis, cogumelos e feijão-preto Aqueça 1 colher (sopa) de óleo vegetal em um wok grande e adicione 300 g de brócolis em buquês, 300 g de cogumelos shitake fatiados e 6 cebolinhas cortadas. Refogue em fogo alto por 3-4 minutos e, em seguida, adicione 125 g de molho chinês pronto de feijão--preto fermentado e 100 ml de água. Mantenha em fogo alto por 3-4 minutos e sirva com macarrão.

30 Arroz oriental com cogumelos, brócolis e feijão-preto Aqueça 2 colheres (sopa) de óleo em uma panela pesada e adicione 2 colheres (chá) de gengibre fresco ralado, 2 colheres (chá) de alho ralado, 8 cebolinhas cortadas, 300 g de cogumelos shitake fatiados e 300 g de brócolis em buquês. Refogue por 3-4 minutos e, em seguida, junte 300 g de arroz longo. Mexa bem e acrescente 750 ml de caldo quente de legumes e 200 g de feijão-preto sem o caldo. Tempere, ferva, tampe e abaixe o fogo. Cozinhe por 10-12 minutos. Em seguida, retire do fogo (sem tirar a tampa) e deixe descansar por mais 10 minutos. Coloque 4 colheres (sopa) de molho de soja claro e mexa para soltar os grãos de arroz. Sirva imediatamente.

30 Tagliatelle com abóbora e sálvia

4 porções

875 g de abóbora ou moranga descascada, sem sementes e cortada em cubos de 1,5 cm
4 colheres (sopa) de azeite
500 g de tagliatelle fresco
50 g de folhas de rúcula
8 folhas de sálvia picadas
parmesão fresco ralado (opcional)
sal e pimenta-do-reino moída na hora

- Coloque a abóbora em uma fôrma refratária pequena, acrescente 2 colheres (sopa) de azeite, tempere e misture bem. Asse por 15-20 minutos em forno preaquecido a 220 °C, até ficar macia.
- Enquanto isso, ferva água com um pouco de sal em uma panela grande. Cozinhe a massa, conforme as instruções da embalagem. Escorra e retorne à panela, adicione a rúcula, a sálvia e a abóbora. Misture em fogo brando com o restante do azeite até a rúcula murchar. Sirva em seguida com uma boa quantidade de parmesão fresco ralado, se preferir.

10 Ravióli rápido de abóbora e sálvia Cozinhe 500 g de ravióli pronto com recheio de abóbora, conforme as instruções da embalagem. Enquanto isso, aqueça 4 colheres (sopa) de manteiga e 4 colheres (sopa) de azeite em uma frigideira grande com 2 dentes de alho picados e 6 folhas de sálvia em fogo médio-baixo. Escorra o ravióli e adicione à frigideira. Tempere, misture bem, polvilhe 100 g de parmesão fresco ralado e sirva.

20 Sopa de abóbora assada, tomate e sálvia Coloque a abóbora assada da receita acima em uma panela com 600 ml de caldo quente de legumes, 200 ml de purê de tomate e 1 colher (sopa) de folhas de sálvia bem picadas. Deixe ferver e cozinhe por 12-15 minutos. Com um mixer, bata até obter uma mistura homogênea. Acrescente 100 ml de creme de leite fresco e sirva com pão italiano aquecido.

30 Pad Thai de legumes

4 porções

300 g de talharim de arroz
3 colheres (sopa) de pasta de tamarindo
3 colheres (sopa) de molho de soja
3 colheres (sopa) de açúcar de palma
4 colheres (sopa) de óleo vegetal
500 g de tofu em tiras de 5 mm
3 dentes de alho bem picados
2 echalotas bem picadas
300 g de cogumelos orientais fatiados ou em lascas
1-2 pimentas vermelhas picadas
2 ovos grandes batidos
um punhado de cebolinhas picadas
1 cenoura em rodelas bem finas
um punhado de cebolinhas-francesas picadas
um punhado de coentro picado
100 g de amendoim torrado apimentado
2 limões cortados em gomos

- Cubra o talharim com água morna em uma tigela e deixe hidratar por 10-15 minutos. Escorra em seguida.
- Misture a pasta de tamarindo com a água quente para dissolvê-la. Junte o molho de soja e o açúcar de palma, misture e prove para ajustar a combinação de sabores.
- Aqueça 2 colheres (sopa) de óleo em um wok. Frite o tofu por 3-4 minutos, até ficar dourado e crocante. Retire do wok, mantenha aquecido e reserve.
- Com o restante do óleo, refogue o alho e a echalota por 30 segundos. Adicione os cogumelos e a pimenta vermelha sem sementes bem picada e cozinhe por 2 minutos. Refogue o talharim por 2 minutos e reserve.
- Misture os ovos com o talharim. Acrescente a pasta agridoce aos poucos e misture bem. Adicione a cebolinha, a cenoura, o tofu e deixe cozinhar por alguns minutos.
- Coloque em tigelas aquecidas para servir, polvilhe as ervas e o amendoim e sirva com os gomos de limão.

---

10 **Salada de legumes tailandesa** Corte 1 cenoura, 8 cebolinhas e 1 pepino à juliana em uma tigela grande com 2 echalotas em fatias finas e 300 g de tofu em cubos. Faça um molho com o suco de 2 limões, 4 colheres (sopa) de molho de peixe, 3 colheres (sopa) de molho de soja, 4 colheres (sopa) de molho de pimenta doce e 1 dente de alho amassado. Despeje o molho sobre a salada, tempere e misture bem. Decore com 100 g de amendoim torrado picado.

20 **Salada de macarrão com legumes à moda vietnamita** Coloque 5 dentes de alho picados em uma tigela com 50 g de folhas de coentro picadas e 1 pimenta vermelha bem picada. Adicione o suco de 1 limão, 4 colheres (sopa) de molho de soja claro, 3 colheres (sopa) de molho de peixe e 3 colheres (sopa) de açúcar. Misture bem e deixe o molho descansar por 5 minutos. Ferva água com um pouco de sal em uma panela. Adicione 375 g de talharim de arroz fino e cozinhe por 2 minutos. Esfrie em água corrente e escorra. Em uma tigela grande, junte o molho e o macarrão com 2 cenouras cortadas à juliana, 1 pepino picado e 4 colheres (sopa) de hortelã picada. Misture bem, decore a salada com 100 g de amendoim torrado picado e sirva.

10 Omelete-suflê de estragão e cheddar

4 porções

6 ovos
4 colheres (sopa) de estragão picado
100 g de cheddar ralado
2 colheres (sopa) de manteiga sem sal
salada e pão italiano, para servir

- Quebre os ovos e separe as claras das gemas. Bata as claras em neve.
- Coloque as gemas em uma outra tigela com o estragão e o cheddar e bata levemente.
- Aqueça a manteiga em uma frigideira de cabo refratário. Incorpore delicadamente as claras em neve à mistura das gemas e despeje tudo na frigideira. Frite por 2-3 minutos em fogo alto e, em seguida, leve ao forno preaquecido por 3-4 minutos, até que a parte de cima fique levemente dourada e com aparência de suflê.
- Sirva imediatamente com salada e pão italiano.

---

20 Fusilli gratinado com estragão e queijo Coloque 400 g de fusilli cozido em uma fôrma refratária levemente untada. Bata 4 ovos com 4 colheres (sopa) de estragão bem picado, um quarto de 1 colher (chá) de pimenta-de-caiena, 2 colheres (chá) de mostarda de Dijon e 200 g de cheddar ralado. Despeje sobre o macarrão e misture bem. Polvilhe 100 g de parmesão fresco ralado e asse por 15 minutos em forno preaquecido a 220 °C, até a cobertura ficar levemente dourada. Sirva imediatamente.

30 Suflê de queijo e estragão
Pincele 4 ramequins de 300 ml com manteiga derretida e polvilhe 100 g de parmesão fresco. Derreta 50 g de manteiga em uma panela e adicione 40 g de farinha de trigo, meia colher (chá) de mostarda inglesa em pó e uma boa pitada de pimenta-de-caiena. Cozinhe por alguns minutos e, em seguida, adicione pouco a pouco 300 ml de leite, até a mistura começar a ferver. Mantenha por 2 minutos, até engrossar bastante. Retire do fogo, misture 100 g de cheddar forte ralado, 4 colheres (sopa) de estragão picado e 4 gemas. Tempere bem. Em uma tigela separada, bata 4 claras em neve até ficarem firmes. Incorpore-as delicadamente à mistura de queijo. Coloque a massa nos ramequins, enchendo-os quase até o topo. Passe o dedo ao redor da borda interior dos ramequins para ajudar os suflês a crescerem retos. Coloque os ramequins sobre uma fôrma aquecida e asse em forno preaquecido a 220 °C por 10-12 minutos, até a massa subir e dourar. Sirva imediatamente com salada crocante.

20 Ravióli com batata-doce, tomate e rúcula

4 porções

50 g de manteiga
375 g de batata-doce descascada e cortada em cubos de 1 cm
2 dentes de alho picados
um punhado pequeno de folhas de sálvia frescas picadas
raspas de ½ limão-siciliano e um pouco do suco
200 g de tomates-cereja cortados ao meio
500 g de ravióli fresco com recheio de queijo
sal e pimenta-do-reino moída na hora

Para servir

100 g de queijo de cabra macio esfarelado
um punhado generoso de folhas de rúcula

- Derreta metade da manteiga em uma frigideira grande, adicione os cubos de batata-doce, tempere bem e refogue--os em fogo médio por cerca de 5-6 minutos, até dourarem por inteiro.
- Acrescente o alho, a sálvia, as raspas do limão-siciliano e refogue por 1 minuto.
- Junte o restante da manteiga, os tomates-cereja, o suco de limão e mantenha em fogo baixo por 1 minuto, até se desmancharem.
- Enquanto isso, cozinhe o ravióli, conforme as instruções da embalagem. Regue-o com um pouco de azeite e, em seguida, leve-o à panela com a batata-doce e o tomate--cereja e mexa cuidadosamente para incorporar o molho.
- Coloque em tigelas individuais e adicione o queijo de cabra, as folhas de rúcula e a pimenta-do-reino em cada porção antes de servir.

---

10 Salada de ravióli, rúcula e tomate Cozinhe 500 g de ravióli fresco com recheio de queijo, conforme as instruções da embalagem, esfrie em água corrente, escorra e coloque em uma saladeira grande com um punhado generoso de rúcula, 100 g de queijo de cabra esfarelado e 200 g de tomates--cereja cortados ao meio. Bata 6 colheres (sopa) de azeite com 1 dente de alho amassado e o suco de 1 limão-siciliano. Tempere, despeje sobre a salada e misture bem antes de servir.

30 Ravióli gratinado com batata-doce e tomate-cereja ao molho de limão-siciliano Cozinhe 500 g de ravióli fresco com recheio de queijo, conforme as instruções da embalagem, escorra e coloque em uma fôrma refratária média já untada com 300 g de tomates-cerejas cortados ao meio e 200 g de batata-doce cortada em cubos. Em outra tigela, bata 3 ovos com 300 ml de creme de leite fresco, 2 colheres (sopa) de raspas de limão-siciliano, 1 dente de alho amassado, 2 colheres (chá) de folhas de sálvia bem picadas e 100 g de queijo de cabra macio esfarelado. Despeje tudo sobre o ravióli e asse por 20 minutos em forno preaquecido a 200 °C, até dourar e borbulhar. Sirva imediatamente com salada de rúcula.

20 Haloumi empanado em massa de cerveja

4 porções
250 g de farinha de trigo
1 ovo, clara e gema separadas
300 ml de cerveja pilsen bem gelada
125 ml de água bem gelada
óleo vegetal para fritar
500 g de haloumi (queijo grego) ou queijo de coalho

Para servir
folhas de rúcula
gomos de limão-siciliano

- Peneire a farinha em uma tigela grande, adicione a gema e, aos poucos, acrescente a cerveja. Coloque a água e bata até misturar bem.
- Bata a clara em uma tigela separada até formar picos firmes. Incorpore à massa.
- Encha dois terços de uma panela grande e profunda com óleo vegetal. Aqueça o óleo a 180 °C por 10-15 segundos.
- Corte o queijo haloumi em fatias de 1 cm de espessura e, em seguida, mergulhe-as na massa. Frite os empanados em levas por 3-4 minutos, até ficarem crocantes e dourados. Retire-os com uma escumadeira, tempere e sirva com folhas de rúcula e gomos de limão-siciliano.

10 Espetinhos de haloumi e pimentões mistos

Corte 2 pimentões vermelhos, 2 pimentões amarelos, 2 cebolas roxas e 300 g de haloumi em pedaços pequenos. Coloque os legumes e o queijo em uma tigela grande. Misture 2 dentes de alho amassados, 8 colheres (sopa) de azeite, 2 colheres (chá) de tomilho seco e o suco e as raspas de 1 limão-siciliano. Despeje sobre o queijo e os legumes e mexa bem. Distribua os legumes e o queijo alternadamente em doze espetos de metal. Tempere e grelhe em chapa preaquecida por 4-5 minutos de cada lado. Sirva imediatamente.

30 Salada de haloumi com pimentões e berinjela

Corte 250 g de haloumi em fatias de 2,5 cm de comprimento e 5 mm de espessura. Junte uma colher e meia (chá) de sumagre em pó, 3 colheres (chá) de raspas de limão-siciliano e 3 colheres (sopa) de azeite em uma tigela grande. Acrescente o haloumi delicadamente a esse molho de azeite até cobri-lo e tempere. Aqueça uma frigideira tipo grill em fogo médio-alto. Fatie 2 berinjelas e pincele com azeite. Grelhe as fatias em levas por 2-3 minutos de cada lado, até ficarem levemente tostadas. Transfira para uma tigela grande ou travessa. Grelhe o haloumi por 2-3 minutos de cada lado, ou até dourar. Misture 200 g de pimentões vermelhos e amarelos assados, em conserva, escorridos e picados com a berinjela. Divida entre quatro porções e cubra cada uma com o queijo. Misture o suco de 1 limão-siciliano grande com 3 colheres (sopa) de azeite em uma tigela e tempere. Regue sobre as porções e sirva decorado com 2 colheres (sopa) de salsa e 2 de folhas de hortelã picadas.

30 Ensopado malaio de coco e legumes

4 porções

2 colheres (sopa) de óleo vegetal
1 cebola média cortada em rodelas finas
6 colheres (sopa) de pasta de curry laksa
800 ml de leite de coco
300 ml de água
1 colher (chá) de sal
200 g de batata descascada e cortada em cubos de 1,5 cm
200 g de cenoura descascada e cortada em cubos de 1,5 cm
100 g de vagem sem as pontas e cortada ao meio
150 g de couve-flor em buquês
300 g de abóbora descascada, sem sementes e cortada em cubos de 1,5 cm
50 g de castanha de caju
50 g de broto de feijão
4 cebolinhas cortadas e sem as pontas
um punhado de manjericão tailandês ou coentro fresco

- Aqueça o óleo em uma panela grande em fogo médio. Adicione a cebola e a pasta de curry e refogue levemente por 2-3 minutos, até começar a sentir o aroma.
- Junte o leite de coco, a água e o sal e deixe ferver.
- Acrescente a batata e a cenoura e cozinhe por 10 minutos. Em seguida, adicione a vagem, a couve-flor e a abóbora e cozinhe por mais 7 minutos.
- Adicione a castanha de caju e cozinhe por 3 minutos, até os legumes começarem a ficar macios.
- Coloque o broto de feijão, a cebolinha e o manjericão ou coentro. Cozinhe em fogo brando por 1 minuto e sirva imediatamente.

10 Sopa asiática rápida de coco

Aqueça 1 colher (sopa) de óleo vegetal em um wok grande e adicione 6 cebolinhas picadas, 1 colher (sopa) de pasta de curry laksa, 400 ml de leite de coco, 400 ml de caldo de legumes e 300 g de seleta de legumes. Deixe ferver e cozinhe em fogo alto por 4-5 minutos. Tempere e sirva.

20 Bifum picante com coco e legumes

Aqueça 1 colher (sopa) de óleo vegetal em um wok ou frigideira grande e adicione 6 cebolinhas fatiadas, 2 dentes de alho, 200 g de cenoura ralada, 200 g de vagem e 200 g de pimentão vermelho. Refogue por 4-5 minutos. Enquanto isso, deixe de molho 375 g de macarrão de arroz (bifum), conforme as instruções da embalagem, e escorra. Adicione à frigideira 1 colher (sopa) de pasta de curry laksa e refogue por 3-4 minutos. Em seguida, junte 200 ml de leite de coco com o macarrão escorrido. Refogue por 2-3 minutos, tempere e sirva.

30 Nasi Goreng (arroz frito da Indonésia)

4 porções

2 ovos grandes
3 colheres (sopa) de óleo de girassol
1 colher (sopa) de extrato de tomate
1 colher (sopa) de ketjap manis (molho de soja escuro e doce)
625 g de arroz cozido
1 colher (sopa) de molho de soja claro
1 pepino de 5 cm cortado em quartos e fatiado
sal e pimenta-do-reino moída na hora
8 cebolinhas cortadas, para enfeitar

Para a pasta picante

2 colheres (sopa) de óleo vegetal
4 dentes de alho picados
50 g de echalotas picadas grosseiramente
25 g de amendoim torrado salgado
6 pimentas vermelhas médias sem sementes e picadas
1 colher (chá) de sal

- Para a pasta picante, ponha todos os ingredientes em um processador e bata até formar uma pasta homogênea.
- Bata os ovos e tempere. Aqueça um pouco do óleo de girassol em fogo médio-alto, despeje um terço dos ovos batidos e frite até que o topo da omelete esteja firme. Vire, frite por mais alguns segundos, vire outra vez e enrole bem. Repita a operação com o restante da mistura. Corte as omeletes em tiras finas.
- Aqueça um wok até esfumaçar. Junte 2 colheres (sopa) de óleo e a pasta picante e refogue por 1-2 minutos.
- Acrescente o purê de tomate e o ketjap manis e mantenha por alguns segundos. Em seguida, coloque o arroz cozido e refogue em fogo alto por 2 minutos, até esquentar por completo.
- Adicione as tiras de omelete e refogue por mais 1 minuto antes de juntar o molho de soja claro, o pepino, parte da cebolinha e misturar bem.
- Coloque o Nasi Goreng em uma travessa grande aquecida, polvilhe com a cebolinha restante e sirva.

---

10 Caldo picante rápido de arroz

Coloque 400 g de arroz cozido em uma panela com 200 ml de leite de coco, 600 ml de caldo quente de legumes, 2 colheres (sopa) de extrato de tomate e 1 colher (sopa) de curry suave em pó. Deixe ferver e cozinhe em fogo alto por 4-5 minutos. Retire do fogo e adicione 6 cebolinhas bem picadas e um quarto de pepino ralado. Tempere e sirva em tigelas aquecidas.

20 Fritada indonésia de arroz e ovos

Aqueça 2 colheres (sopa) de óleo em uma frigideira grande antiaderente com cabo refratário. Bata 6 ovos em uma tigela grande com 3 colheres (sopa) de extrato de tomate, 1 colher (sopa) de pasta de curry, 6 cebolinhas cortadas em fatias bem finas, 1 colher (sopa) de ketjap manis, 6 colheres (sopa) de coentro bem picado e 1 pimenta vermelha bem picada. Adicione 400 g de arroz cozido e misture bem. Despeje a mistura na frigideira e frite em fogo médio por 8-10 minutos, ou até o fundo ficar levemente dourado e firme. Transfira para o forno médio-alto preaquecido por 3-4 minutos, ou até a parte de cima ficar levemente dourada e firme. Sirva imediatamente.

30 Folhado de pesto e antepasto

4 porções

375 g de massa folhada pronta
3 colheres (sopa) de pesto pronto
300 g de tomates-cereja vermelhos e amarelos cortados ao meio
150 g de mix de antepastos (alcachofra, pimentão assado, cogumelo e berinjela)
100 g de queijo de cabra esfarelado
folhas de manjericão, para acompanhar

- Espalhe a massa folhada em uma fôrma. Faça uma borda de 2,5 cm e faça furos no fundo da massa com um garfo.
- Cubra a massa com o pesto, os tomates-cereja, os antepastos e o queijo de cabra. Asse em forno preaquecido a 200 °C por 15-20 minutos.
- Sirva com as folhas de manjericão.

---

10 Espaguete com pesto e tomate--cereja Cozinhe 375 g de espaguete, conforme as instruções da embalagem. Enquanto isso, corte ao meio 500 g de tomates-cereja e coloque em uma tigela grande com um punhado de folhas de manjericão. Quando a massa estiver cozida, escorra e adicione os tomates com 8 colheres (sopa) de pesto fresco e 50 g de pinholes torrados. Misture bem, tempere e sirva.

---

20 Salada de rigatoni com pesto e antepasto Cozinhe 300 g de rigatoni ou penne, conforme as instruções da embalagem. Enquanto isso, prepare o pesto, batendo no liquidificador 50 g de folhas de manjericão, 25 g de pinholes torrados, 50 g de parmesão ralado, 1 dente de alho amassado e 100 ml de azeite até ficar razoavelmente homogêneo. Tempere com pimenta-do-reino e coloque em uma travessa larga com 300 g de tomates-cereja cortados ao meio e 200 g de mix de antepastos. Em seguida, coloque o rigatoni ou penne cozido. Misture bem e sirva em temperatura ambiente.

30 Ratatouille zás-trás

4 porções

100 ml de azeite
2 cebolas picadas
1 berinjela cortada em cubos de 1,5 cm
2 abobrinhas grandes cortadas em cubos de 1,5 cm
1 pimentão vermelho sem sementes e cortado em pedaços de 1,5 cm
1 pimentão amarelo sem sementes e cortado em pedaços de 1,5 cm
2 dentes de alho amassados
400 g de tomates pelados em lata picados
2-3 colheres (sopa) de vinagre balsâmico
1 colher (chá) de açúcar mascavo
10-12 azeitonas pretas sem caroço
sal e pimenta-do-reino moída na hora
folhas de manjericão em tiras, para enfeitar

- Aqueça o azeite em uma panela grande e refogue a cebola e os legumes, exceto o tomate, por alguns minutos.
- Acrescente o tomate, o vinagre balsâmico e o açúcar, tempere e mexa bem. Tampe e deixe em fogo brando por 15 minutos, até os legumes cozinharem.
- Retire do fogo, espalhe as azeitonas e as folhas de manjericão e sirva.

---

10 Sopa espessa de legumes à moda mediterrânea Bata o ratatouille da receita acima com 300 ml de caldo quente de legumes, até formar um creme razoavelmente homogêneo. Coloque a sopa em tigelas aquecidas, decore com folhas de manjericão e sirva.

20 Legumes grelhados à moda mediterrânea Corte 2 berinjelas e 2 abobrinhas grandes no sentido do comprimento em fatias bem finas. Pincele com azeite e frite em levas em uma frigideira bem quente por 2-3 minutos de cada lado. Transfira para uma travessa e adicione 300 g de pimentões vermelhos assados, em conserva, fatiados e escorridos, 2 tomates bem picados e 100 g de azeitonas pretas sem caroço. Em uma tigela pequena, misture 8 colheres (sopa) de azeite, 3 colheres (sopa) de vinagre balsâmico, 1 colher (chá) de folhas de alecrim picadas, 1 dente de alho amassado e 1 colher (chá) de açúcar mascavo. Tempere e despeje sobre os legumes. Misture bem e sirva com folhas de manjericão.

30 Salada de cuscuz marroquino com legumes assados

4 porções

1 pimentão vermelho e 1 pimentão amarelo sem sementes e cortados em pedaços de 1,5 cm
1 berinjela média cortada em cubos de 2,5 cm
1 abobrinha cortada em cubos de 2,5 cm
2 cebolas roxas descascadas e cortadas em gomos grandes
azeite para regar
200 g de cuscuz marroquino
6-8 limões-sicilianos em conserva cortados ao meio
um punhado generoso de folhas de hortelã e coentro picadas
50 g de pinholes torrados
150 g de queijo feta esfarelado
100 g de sementes de romã
sal e pimenta-do-reino moída na hora

Para o molho

suco de 1 laranja
5 colheres (sopa) de azeite
1 colher (chá) de cominho em pó
½ colher (chá) de canela em pó
sal e pimenta-do-reino moída na hora

- Coloque os legumes em uma travessa refratária grande antiaderente. Regue com um pouco de azeite e tempere bem. Asse em forno preaquecido a 200 °C por 15-20 minutos, ou até os legumes começarem a tostar.
- Enquanto isso, hidrate o cuscuz com água fervente em uma tigela grande. Tempere bem. Envolva com filme de PVC e deixe descansar por 10 minutos, ou até que todo o líquido tenha sido absorvido. Solte os grãos com um garfo e coloque em uma travessa larga e rasa.
- Prepare o molho misturando o suco de laranja, o azeite, o cominho e a canela. Tempere bem.
- Incorpore delicadamente os legumes assados, os limões em conserva e as ervas ao cuscuz, regue com o molho e misture bem.
- Logo antes de servir, polvilhe os pinholes, o queijo feta e as sementes de romã e sirva imediatamente.

---

10 Cuscuz com limão-siciliano e ervas Coloque 500 g de cuscuz hidratado em uma tigela com 8 colheres (sopa) de hortelã picada, 8 colheres (sopa) de coentro picado, 6 cebolinhas fatiadas e 6 limões-sicilianos em conserva fatiados. Tempere, misture bem e sirva com pinholes torrados.

20 Tabule de legumes assados Asse os legumes conforme a receita acima. Enquanto isso, coloque 200 g de trigo sarraceno (ou triguilho) em uma tigela e cubra com caldo quente de legumes. Deixe descansar por 15 minutos ou até ficar macio. Adicione 2 dentes de alho bem picados, 6 colheres (sopa) de azeite, um punhado generoso de salsinha, um punhado generoso de hortelã e os legumes assados, incluindo o caldo. Tempere, misture bem e sirva.

20 Refogado chinês picante de legumes e tofu

4 porções

4 colheres (sopa) de óleo vegetal
6 cebolinhas em fatias finas
2 pimentas vermelhas em fatias
4 dentes de alho em fatias finas
2,5 cm de gengibre ralado
1 colher (chá) de grãos triturados de pimenta-Sichuan
1 pitada de sal
250 g de tofu em cubos de 2,5 cm
200 g de ervilha-torta
150 g de minimilhos cortados ao meio, no sentido do comprimento
250 g de couve-chinesa picada
300 g de brotos de feijão
2 colheres (sopa) de molho de soja claro
2 colheres (sopa) de vinho de arroz
óleo de gergelim, para regar
arroz cozido, para acompanhar

- Aqueça 2 colheres (sopa) de óleo em um wok ou frigideira funda e adicione a cebolinha, a pimenta vermelha, o alho, o gengibre, a pimenta-Sichuan e uma pitada de sal. Refogue por 1 minuto, adicione o tofu e mantenha por mais 2 minutos. Transfira para um prato.
- Aqueça o restante do óleo e refogue a ervilha-torta, o minimilho, a couve-chinesa e o broto de feijão por alguns minutos, até começarem a murchar, e então acrescente o molho de soja e o vinho de arroz.
- Retorne o refogado de tofu ao wok e misture tudo.
- Regue com óleo de gergelim e sirva com arroz.

---

10 Refogado de tofu à moda chinesa Corte 500 g de tofu em cubos e grelhe em temperatura média por 2-3 minutos, até dourar. Enquanto isso, aqueça 2 colheres (sopa) de óleo vegetal em um wok. Junte 600 g de seleta de legumes e refogue por 3-4 minutos. Adicione 150 g de molho oriental tipo stir-fry e refogue por mais 1-2 minutos. Leve o tofu ao wok, misture bem e sirva.

---

30 Salada de bifum e tofu com pimenta-Sichuan Em uma tigela grande, misture 4 colheres (sopa) de molho de soja claro, 3 colheres (sopa) de molho de pimenta doce, raspas e suco de 1 limão-siciliano, 2 pimentas vermelhas picadas, 2 colheres (chá) de pimenta-Sichuan e 2 colheres (sopa) de água. Adicione 500 g de tofu firme em cubos e deixe marinar pelo menos por 25 minutos. Enquanto isso, coloque 200 g de macarrão de arroz fino (bifum) em uma tigela grande, cubra com água fervente e reserve por 5 minutos. Esfrie em água corrente e escorra. Misture o macarrão, 100 g de ervilha-torta, 100 g de rabanete cortado em fatias finas, 1 cebola roxa cortada em fatias finas e 1 colher (sopa) de sementes de gergelim torradas. Acrescente o tofu, incorpore com cuidado e coloque em tigelas. Cubra com folhas de coentro e sirva.

30 Tagine marroquino de legumes

4 porções

2 colheres (sopa) de azeite
1 cebola em rodelas largas
3 dentes de alho picadinhos
1 colher (chá) de gengibre ralado
1 colher (chá) de canela
uma pitada de pistilos de açafrão
2 colheres (chá) de cominho em pó
4 colheres (chá) de pasta harissa
4 colheres (sopa) de extrato de tomate
3 colheres (sopa) de mel
875 g de abóbora, beterraba e batata-doce descascadas e cortadas em cubos
750 ml de caldo de legumes
sal e pimenta-do-reino moída na hora
cuscuz marroquino, para servir
coentro picado, para decorar

- Aqueça o azeite em uma panela antiaderente grande e refogue a cebola e o alho por 1-2 minutos.
- Adicione o gengibre, a canela, o açafrão, o cominho, a harissa, o extrato de tomate, o mel, os legumes e o caldo e deixe ferver.
- Tempere, tampe e apure por 20 minutos, ou até os legumes ficarem bem macios.
- Sirva com o cuscuz e enfeite com o coentro picado.

---

10 Cuscuz marroquino

Coloque 400 g de cuscuz em uma tigela com 2 colheres (chá) de harissa, 1 colher (chá) de cominho em pó, 1 colher (chá) de canela em pó, uma pitada grande de açafrão, meia cebola picada, 3 colheres (sopa) de extrato de tomate, 200 g de tomate picado e 1 colher (sopa) de mel. Cubra com caldo quente de legumes. Tempere, mexa, tampe e deixe hidratar. Use um garfo para soltar, junte 4 colheres (sopa) de coentro picado e sirva.

20 Molho para massas à moda marroquina

Aqueça 2 colheres (sopa) de azeite em uma panela e adicione 1 cebola picada, 2 dentes de alho amassados, 1 colher (chá) de gengibre fresco ralado, 1 colher (chá) de cominho em pó, 1 colher (chá) de canela em pó e refogue por 1-2 minutos. Junte 400 g de tomate picado, 2 colheres (chá) de harissa e 200 ml de caldo quente de legumes. Acrescente 625 g de tubérculos (tais como abóbora, batata-doce e nabo) bem picados e deixe ferver. Cozinhe sem tampar por 15 minutos, ou até os legumes ficarem macios. Tempere e sirva sobre a massa de sua preferência.

10 Refogado de berinjela e harissa

4 porções

4 colheres (sopa) de óleo de girassol
750 g de miniberinjelas em fatias finas
4 tomates picados
1 colher (chá) de canela em pó
1 colher (chá) de folhas de coentro bem picadas
2 colheres (sopa) de harissa
sal e pimenta-do-reino moída na hora
arroz basmati cozido, para servir

- Aqueça o óleo em uma frigideira grande e adicione a berinjela.
- Frite em fogo alto por 2-3 minutos e, em seguida, adicione o tomate, a canela, o coentro e a harissa. Refogue por 3-4 minutos, ou até as berinjelas ficarem macias.
- Tempere a gosto e sirva com arroz basmati.

---

20 Croquetes de berinjela à marroquina Corte 750 g de berinjela em fatias finas e misture em uma tigela com 2 colheres (sopa) de harissa, 1 colher (chá) de cúrcuma, 1 colher (chá) de coentro picado e um pouco de sal. Adicione 250 g de farinha de grão-de-bico, aos poucos, para cobrir a berinjela. Acrescente água fria sobre a mistura aos poucos, até obter uma massa viscosa. Encha um quarto de uma panela com óleo de girassol e esquente em fogo alto até que um cubo de pão doure em 10-15 segundos. Frite colheradas da mistura em levas por 1-2 minutos, ou até dourar e ficar crocante. Retire com uma escumadeira e escorra em papel-toalha. Sirva com dip de iogurte com hortelã.

30 Miniberinjela refogada com mel e especiarias Bata no liquidificador 1 colher (sopa) de gengibre fresco ralado, 2 colheres (sopa) de alho ralado e 200 g de tomates pelados picados até ficar homogêneo. Aqueça 100 ml de óleo de girassol em uma frigideira grande e pesada e frite 625 g de miniberinjelas cortadas ao meio em fogo médio, em levas, em uma única camada, por 6-8 minutos ou até dourarem, virando de lado uma vez. Retire com uma escumadeira e escorra em papel-toalha. Reaqueça o óleo deixado na frigideira e adicione 1 colher (chá) de cominho em pó, 2 colheres (chá) de sementes de erva-doce e 2 colheres (chá) de sementes de nigela (ou cominho). Refogue por 1-2 minutos e junte o molho de gengibre, alho e tomate. Refogue por 2-3 minutos e acrescente mais 200 g de tomates pelados com 1 colher (chá) de canela em pó, 1 colher (chá) de coentro em pó e 1 colher (sopa) de harissa. Tempere bem. Apure em fogo médio, mexendo sempre, por 10 minutos ou até a mistura ficar homogênea e espessa. Coloque 1 colher (sopa) de mel. Retorne as berinjelas à panela, misture delicadamente para revesti-las com o molho, tampe e cozinhe por 3-4 minutos. Retire do fogo e polvilhe 2 colheres (sopa) de pinholes torrados e 6 colheres (sopa) de coentro picado. Sirva com cuscuz marroquino ou arroz.

30 Suflê de brócolis e gorgonzola

4 porções

50 g de manteiga, mais um pouco para untar os ramequins
um punhado de farinha de rosca
250 g de brócolis em buquês
40 g de farinha de trigo
300 ml de leite
1 colher (chá) de páprica picante defumada
noz-moscada fresca ralada
4 ovos grandes, claras e gemas separadas
100 g de gorgonzola amassado
sal e pimenta-do-reino moída na hora

- Unte 4 ramequins de 300 ml cada com manteiga derretida e polvilhe a farinha de rosca, cobrindo o fundo e as laterais.
- Escalde os brócolis em água fervente até ficarem macios, depois bata aos poucos em um liquidificador até virar um purê.
- Derreta a manteiga em uma panela, adicione a farinha e cozinhe por 2 minutos. Aos poucos, junte o leite, mexendo sempre, e deixe ferver. Apure por 2 minutos, até a mistura engrossar bem.
- Retire do fogo e acrescente os temperos e as gemas. Tempere com sal e pimenta a gosto, junte o purê de brócolis e o gorgonzola.
- Em uma tigela separada, bata as claras em neve até ficarem firmes. Usando um colher de metal, incorpore delicadamente as claras à mistura de queijo e brócolis.
- Despeje nos ramequins até quase o topo. Passe o dedo ao redor da borda interior dos ramequins para ajudar os suflês a crescerem retos. Coloque os ramequins em uma fôrma preaquecida e asse em forno preaquecido a 200 °C por 8-10 minutos, ou até o suflê crescer. Sirva imediatamente.

---

10 Sopa espessa de brócolis e gorgonzola

Coloque 600 g de sopa pronta de legumes em uma panela com 400 g de brócolis em buquês bem picados e deixe ferver. Cozinhe, sem tampar, por 5-6 minutos e depois bata em um mixer até ficar razoavelmente homogênea. Adicione 200 ml de creme de leite fresco e 100 g de gorgonzola amassado. Tempere e sirva em tigelas aquecidas com pão italiano.

20 Penne com brócolis grelhados e gorgonzola

Penne com brócolis grelhados e gorgonzola Cozinhe 375 g de penne, conforme as instruções da embalagem. Enquanto isso, escalde 500 g de brócolis em buquês em uma panela com água fervente por 3-4 minutos. Escorra bem e misture com 4 colheres (sopa) de azeite e grelhe em uma frigideira bem quente por 3-4 minutos, ou até ficarem macios. Escorra a massa e retorne à panela com os brócolis, 100 g de gorgonzola amassado e 200 g de cream cheese. Tempere bem. Polvilhe 50 g de nozes tostadas picadas sobre o penne e sirva com salada de rúcula.

20 Panquecas de cebolinha e endro

4 porções
175 g de farinha de trigo
1 colher (chá) de fermento
150 ml de leite
2 ovos grandes
50 g de manteiga derretida
2 colheres (sopa) de endro bem picado
4 cebolinhas-francesas bem picadas
óleo vegetal para fritar
sal e pimenta-do-reino moída na hora

Para acompanhar
200 g de cream cheese batido com o suco de 1 limão-siciliano
2 tomates bem picados

- Peneire a farinha e o fermento em uma tigela com uma pitada de sal. Em uma tigela separada, bata o leite, os ovos, a manteiga, o endro e a cebolinha-francesa.
- Incorpore a mistura líquida aos ingredientes secos até formar uma massa homogênea e espessa.
- Aqueça um pouco de óleo vegetal em uma frigideira antiaderente pequena e despeje um oitavo da massa. Frite a panqueca por 1-2 minutos, ou até formar bolhas na massa. Cuidadosamente, vire e frite por mais 1-2 minutos, ou até dourar dos dois lados. Retire-a e mantenha aquecida enquanto frita as outras; a massa renderá 8 panquecas.
- Empilhe 2 panquecas em cada prato e cubra com uma quantidade generosa de cream cheese com limão. Coloque os tomates picados, decore com um pouco de cebolinha, endro e pimenta-do-reino e sirva.

---

10 Ovos mexidos com endro, cebolinha e cream cheese Bata 6 ovos com 200 g de cream cheese e, em seguida, adicione um pequeno punhado de cebolinha-francesa e endro picados. Aqueça 2 colheres (sopa) de manteiga em uma frigideira grande e despeje os ovos batidos. Misture ao fritar para obter ovos mexidos. Tempere e sirva sobre torradas quentes com manteiga.

30 Sopa do Oriente Médio com ervas e cebolinha Corte 750 g de cebolinha em fatias de 2,5 cm separando a parte branca da verde e reserve. Derreta 50 g de manteiga em uma panela grande, adicione 50 ml de azeite, a parte branca da cebolinha fatiada, 6 dentes de alho cortados ao meio e, em seguida, tempere. Refogue em fogo médio por 4-5 minutos, até os legumes ficarem macios. Acrescente a parte verde da cebolinha com 3 folhas de louro e refogue por 10 minutos. Junte 300 g de ervilhas e 1 abobrinha cortada em cubos e mantenha por mais 5 minutos. Retire metade dos legumes da panela e reserve. Adicione 1 litro de caldo aos legumes restantes, deixe ferver e cozinhe por 3 minutos. Retire as folhas de louro e jogue um pequeno punhado de cebolinha-francesa e endro picados. Bata com um mixer até ficar homogêneo antes de retornar os legumes reservados à panela para aquecer. Coloque 200 g de cream cheese e misture até incorporar. Transfira a sopa para tigelas individuais e sirva.

30 Aspargos grelhados com molho de alcaparras e ovos

4 porções

1 colher (sopa) de azeite, mais um pouco para regar
625 g de aspargos
4 ovos (de galinha ou pata)
4 fatias de pão italiano torrado
2 colheres (sopa) de azeite
200 g de tomates de rama
sal e pimenta-do-reino moída na hora

Para o molho

2 colheres (sopa) de alcaparras escorridas
6 colheres (sopa) de azeite
2 colheres (sopa) de vinagre de vinho tinto
1 colher (chá) de mostarda de Dijon
1 dente de alho amassado
2 colheres (chá) de pimenta-rosa triturada

- Escalde os aspargos por 1-2 minutos.
- Coloque os tomates em uma assadeira forrada com papel-manteiga, regue com um pouco de azeite, tempere e asse em forno preaquecido a 200 °C por 10-12 minutos.
- Enquanto isso, misture os aspargos com o azeite e aqueça uma frigideira até esfumaçar. Refogue os aspargos por 4 minutos, virando uma vez. Retire e divida entre quatro pratos.
- Frite os ovos a seu gosto. Adicione uma fatia de pão italiano torrado a cada prato e cubra com o ovo frito.
- Misture todos os ingredientes para o molho, tempere e regue sobre os aspargos e os ovos.
- Sirva imediatamente com os tomates assados.

---

10 Salada de alface, aspargos e ovos

Escalde 625 g de pontas de aspargos em uma panela com água e sal por 3 minutos. Escorra e leve a uma travessa larga com 300 g de tomates médios cortados ao meio, 2 ovos cozidos e cortados em quartos e folhas grossas de 2 alfaces-romanas. Faça o molho com 6 colheres (sopa) de azeite, 2 colheres (sopa) de vinagre de vinho tinto, 1 colher (chá) de mostarda de Dijon e 1 dente de alho amassado e tempere bem. Despeje sobre a salada e misture bem antes de servir.

20 Tortilha de aspargos e tomate à moda espanhola

Tortilha de aspargos e tomate à moda espanhola Corte 625 g de pontas de aspargos ao meio. Com um garfo, bata delicadamente 6 ovos em uma tigela com 100 g de parmesão ralado e 2 colheres (sopa) de manjericão picado e tempere bem. Aqueça 4 colheres (sopa) de azeite em uma frigideira refratária em fogo alto e adicione 2 dentes de alho picados, 6 tomates médios picados e os aspargos. Misture bem e refogue por 2 minutos, ou até o alho começar a mudar de cor. Junte os ovos batidos à frigideira, distribuindo-os uniformemente, sem misturar. Quando a tortilha começar a ficar firme nos lados, coloque em forno médio-alto preaquecido por 3-4 minutos, ou até firmar e ficar dourada e macia. Sirva com mix de folhas.

30 Risoto de limão-siciliano e ervas

4 porções

1 colher (sopa) de azeite
3 echalotas bem picadas
2 dentes de alho bem picados
½ bulbo de aipo bem picado
1 abobrinha bem picada
1 cenoura descascada e cortada em cubinhos
300 g de arroz arbóreo
1,2 litro de caldo quente de legumes
um punhado generoso de ervas frescas variadas (estragão, salsinha, cebolinha-francesa, endro)
100 g de manteiga
1 colher (sopa) de raspas de limão-siciliano
100 g de parmesão fresco ralado
sal e pimenta-do-reino moída na hora

- Aqueça o azeite em uma panela pesada e adicione as echalotas, o alho, o aipo, a abobrinha e a cenoura e refogue por 4 minutos, ou até os legumes ficarem macios. Adicione o arroz e aumente o fogo. Refogue por 2-3 minutos.
- Adicione uma concha de caldo quente seguida de metade das ervas e tempere bem.
- Diminua o fogo para médio-baixo e adicione o restante do caldo, uma concha de cada vez, mexendo sempre até que o caldo seja absorvido e o arroz fique *al dente*, mas cozido.
- Retire do fogo e misture delicadamente o restante das ervas, a manteiga, as raspas de limão e o parmesão. Tampe a panela e deixe descansar por 2-3 minutos, para o risoto ficar cremoso. Polvilhe a pimenta-do-reino e sirva imediatamente.

---

10 Arroz com legumes e limão-siciliano

Aqueça 1 colher (sopa) de azeite em uma frigideira grande e acrescente 2 echalotas picadas, 2 dentes de alho picados e 300 g de seleta de legumes. Adicione 2 pacotes de 250 g de arroz parboilizado e as raspas e o suco de 1 limão-siciliano pequeno. Refogue por 5-6 minutos, ou até ficar bem quente. Sirva imediatamente.

20 Tagliatelle de limão-siciliano e ervas

Aqueça 1 colher (sopa) de óleo em uma frigideira grande e adicione 2 echalotas picadas, 1 dente de alho picado, meia cenoura e 1 talo de aipo bem picados. Refogue em fogo médio por 4-5 minutos. Enquanto isso, cozinhe 375 g de tagliatelle, conforme as instruções da embalagem. Escorra e leve à frigideira com um punhado generoso de mix de ervas picadas e o suco e as raspas de 1 limão-siciliano pequeno. Polvilhe 100 g de parmesão ralado e sirva.

10 Macarrão udon com aspargos

4 porções

2 colheres (sopa) de óleo de girassol
2 dentes de alho amassados
400 g de pontas de aspargos
8 cebolinhas fatiadas
400 g de udon (macarrão japonês) pré-cozido
5 colheres (sopa) de molho de ostra
5 colheres (sopa) de água

- Aqueça o óleo em uma frigideira grande. Adicione o alho e as pontas de aspargos e refogue por 2 minutos.
- Acrescente a cebolinha, o udon, o molho de ostra e a água e misture bem. Refogue por mais 2 minutos e sirva imediatamente.

---

20 Lamen de udon, aspargos e feijão Junte 3 colheres (sopa) de molho de soja escuro, 2 colheres (sopa) de vinagre de arroz, 1 colher (sopa) de saquê mirin e 2 colheres (sopa) de açúcar em uma tigela rasa e mexa até dissolver o açúcar. Adicione 300 g de tofu firme em cubos pequenos e deixe marinar por 15 minutos ou mais. Enquanto isso, ligue o forno em temperatura baixa e aqueça uma travessa refratária. Espalhe 2 colheres (sopa) de maisena em um prato separado. Retire o tofu da marinada e reserve-a. Passe os cubos de tofu na maisena, cobrindo-os por inteiro. Aqueça uma frigideira larga em fogo médio-alto e adicione óleo de girassol suficiente para cobrir o fundo. Frite os cubos de tofu usando uma pinça culinária para virar, até ficarem dourados e crocantes por inteiro. Escorra em papel-toalha e mantenha aquecido na travessa refratária no forno. Enquanto isso, coloque 1 litro de caldo de legumes em uma panela média com a marinada e deixe ferver. Adicione 400 g de pontas de aspargos, 50 g de soja, 50 g de ervilhas congeladas, 1 colher (chá) de gengibre fresco ralado e 400 g de udon pré-cozido e deixe ferver cerca de 3-4 minutos, até os legumes ficarem macios. Coloque em quatro tigelas e divida os cubos de tofu fritos entre elas. Cubra com 25 g de folhas de coentro picadas e regue com um pouco de azeite aromatizado com pimenta vermelha para servir.

30 Bolinhos de udon com aspargos grelhados Cozinhe 200 g de udon, conforme as instruções da embalagem. Escorra e reserve. Aqueça 2 colheres (sopa) de óleo vegetal em uma frigideira em fogo alto. Divida o macarrão em doze porções e frite em levas. Amasse com uma espátula, reduza o fogo para médio-alto e frite os bolinhos de udon até dourarem e ficarem crocantes. Vire e frite por mais 1-2 minutos, achatando a massa. Retire e mantenha-os aquecidos. Aqueça uma frigideira até esfumaçar. Pincele 400 g de pontas de aspargos com azeite e toste por 2-3 minutos de cada lado. Transfira para uma tigela e misture com 6 colheres (sopa) de molho de ostra e 3 colheres (sopa) de molho de pimenta doce. Sirva os bolinhos imediatamente com os aspargos.

30 Torta de tomate, camembert, queijo de cabra e ervas

4 porções

250 g de massa folhada
3-4 colheres (sopa) de tapenade de azeitonas pretas ou mostarda de Dijon
300 g de tomates maduros cortados em rodelas finas
8 folhas grandes de manjericão picadas grosseiramente
125 g de camembert
100 g de queijo de cabra
2 colheres (sopa) de folhas frescas de tomilho, mais um pouco para decorar
1-2 colheres (sopa) de azeite extravirgem
sal e pimenta-do-reino moída na hora

- Abra a massa para forrar uma fôrma de torta de 25 cm de diâmetro.
- Espalhe a tapenade ou a mostarda sobre a massa.
- Descarte o suco e as sementes dos tomates e disponha as fatias em círculos concêntricos sobre a massa. Tempere os tomates (lembrando que a tapenade é salgada) e espalhe o manjericão.
- Corte o camembert e o queijo de cabra em fatias finas de acordo com o formato de cada um. Forme um círculo exterior com pedaços de camembert e um círculo de queijo de cabra por dentro. Coloque os pedaços de queijo que sobrarem no meio.
- Acrescente as folhas de tomilho e regue com azeite.
- Asse em forno preaquecido a 200 °C por 15-18 minutos, até a massa ficar crocante e o queijo ficar dourado e borbulhante. Sirva imediatamente, enfeitada com tomilho.

---

10 Baguete gigante com tomate, tapenade e dois queijos Corte ao meio 2 baguetes longas aquecidas e passe 10 colheres (sopa) de tapenade e 6 colheres (sopa) de mostarda de Dijon em cada metade. Em seguida, espalhe sobre cada uma 400 g de rodelas de tomate maduro, 25 g de folhas de manjericão, 100 g de fatias de camembert e 100 g de queijo de cabra. Tempere e sirva com salada verde.

---

20 Farfalle com tomates frescos e dois queijos Cozinhe 375 g de farfalle, conforme as instruções da embalagem. Enquanto isso, pique bem 4 tomates, 100 g de azeitonas pretas sem caroço, 25 g de folhas de manjericão e 2 colheres (sopa) de folhas de tomilho e coloque em uma tigela com 100 g de queijo de cabra e 100 g de camembert em cubos. Escorra o farfalle e adicione à mistura de tomate. Tempere, mexa bem e sirva imediatamente.

30 Crumble de feijão-branco, legumes e nozes

4 porções

75 g de manteiga gelada em cubos
175 g de farinha de trigo
100 g de nozes picadas
50 g de cheddar ralado
500 g de brócolis, couve-flor e cenoura pré-cozidos
500 g de molho pronto de tomate e ervas
2 dentes de alho amassados
6 colheres de folhas de manjericão bem picadas
400 g de feijão-branco cozido e escorrido
sal e pimenta-do-reino moída na hora

- Misture a manteiga com a farinha até formar uma farofa crocante. Junte as nozes picadas e o cheddar ralado, misture e tempere. Reserve.
- Pique grosseiramente a cenoura e ferva por 2 minutos. Adicione os brócolis e a couve-flor, cozinhe por um minuto e escorra.
- Enquanto isso, aqueça o molho de tomate e ervas em uma panela grande até borbulhar.
- Acrescente o alho, o manjericão, o feijão-branco e os legumes escaldados ao molho. Transfira para uma travessa refratária de tamanho médio e cubra com o crocante de farinha, manteiga, nozes e queijo. Asse em forno preaquecido a 200 °C por 15-20 minutos, ou até dourar e borbulhar.

10 Patê de feijão--branco e nozes

Em um processador, bata 800 g de feijão-branco cozido e escorrido, o suco e as raspas de 1 limão-siciliano, 1 dente de alho amassado, 4 colheres (sopa) de folhas de manjericão e hortelã picadas, 50 g de nozes picadas, 8 colheres (sopa) de maionese e 2 colheres (chá) de mostarda de Dijon até ficar razoavelmente homogêneo. Espalhe uma quantidade generosa do patê sobre pão sourdough ou italiano torrado. Sirva com salada.

20 Sopa de legumes e feijão-branco

Refogue 2 dentes de alho fatiados e 1 cebola picada em 2 colheres (sopa) de azeite por 1-2 minutos. Adicione 1 litro de caldo quente de legumes, 500 g de brócolis, couve-flor e cenoura pré-cozidos, 25 g de salsinha picada e 800 g de feijão-branco cozido e escorrido e cozinhe por 15 minutos. Deixe a sopa esfriar um pouco e então bata dois terços dela com um mixer. Retorne a parte batida à panela com 2 colheres (sopa) de purê de tomate e misture bem. Sirva imediatamente com um pouco de salsa picada, se preferir.

10 Salada rápida de ovos com molho curry

4 porções

8 ovos bem cozidos
4 tomates cortados em gomos
folhas de 2 pés de alface
¼ de pepino em rodelas
200 ml de iogurte natural
1 colher (sopa) de curry suave em pó
3 colheres (sopa) de purê de tomate
suco de 2 limões
6 colheres (sopa) de maionese
folhas de tomilho, para decorar
sal e pimenta-do-reino moída na hora

- Corte os ovos na metade e coloque-os em uma travessa com os tomates, as folhas de alface e o pepino.
- Misture o iogurte com o curry, o purê de tomate, o suco de limão e a maionese. Tempere o molho e despeje sobre a salada. Sirva imediatamente, decorado com folhas de tomilho.

---

20 Omelete picante à moda indiana

Aqueça 2 colheres (sopa) de óleo vegetal em uma frigideira. Adicione 1 cebola picada, 1 pimenta vermelha picada, 2 colheres (chá) de sementes de cominho, 1 colher (chá) de gengibre fresco ralado, 1 colher (chá) de alho ralado, 1 colher (chá) de curry em pó e 1 tomate bem picado. Refogue por 3-4 minutos. Bata 6 ovos com um punhado pequeno de coentro bem picado. Tempere e despeje sobre os legumes na frigideira com cabo refratário. Frite em fogo brando por 8-10 minutos e leve ao forno preaquecido até que a parte de cima fique firme e levemente dourada. Retire e sirva com naan quente e salada.

30 Curry de ovos e tomates

Curry de ovos e tomates Aqueça 2 colheres (sopa) de óleo de girassol em um wok ou frigideira antiaderente grande. Acrescente 1 colher (sopa) de sementes de cominho, 1 colher (sopa) de sementes de mostarda preta, 2 dentes de alho amassados, 2 pimentas vermelhas secas e 10 folhas de curry frescas e refogue por 30-40 segundos. Junte meia cebola em rodelas finas, 2 colheres (sopa) de curry em pó, 200 g de tomates pelados em lata picados, 1 colher (chá) de açúcar e 200 ml de leite de coco. Ferva, diminua o fogo para médio-baixo e cozinhe por 8-10 minutos, mexendo sempre. Adicione 8 ovos cozidos sem casca e apure por 10-12 minutos, até engrossar o molho. Tempere com sal, decore com folhas de coentro e sirva com naan quente.

Sobremesas de arrasar

Listas de receitas por tempo de preparo

30

Torta de limão divina 230

Figos assados com calda de amaretto 232

Tortinhas de frutas vermelhas e iogurte 234

Crumble de amora 236

Biscoitos de chocolate branco, baunilha e cereja 238

Petit gâteau de chocolate 240

Scones com sorvete de creme e calda de chocolate 242

Panquecas de mirtilo 244

Rabanada com mirtilo e groselha 246

Clafoutis de frutas vermelhas 248

Tortinhas saborosas de manga 250

Pavê de frutas vermelhas 252

Pavê de mascarpone com pêssego e framboesa 254

Taça de ruibarbo, laranja e gengibre 256

Croissants de chocolate com morangos 258

Abacaxi em calda de rum 260

Torta de frutas vermelhas 262

Sonhos de morango 264

Pavê de frutas tropicais 266

Espetinhos de melancia com calda de limão e hortelã 268

Crumble de amora e maçã 270

Rocambole de chocolate e framboesa 272

Bolinhos de banana, coco e limão 274

Cheesecake de frutas vermelhas 276

Delícia de manga 278

20

Tortinhas rápidas de limão 230

Taça de figo com creme de amaretto 232

Smoothie de iogurte, frutas vermelhas e laranja 234

Chutney aromático de amora 236

Crème brûlée de cereja e baunilha 238

Musse de chocolate com crocante de mel 240

Panquecas de ricota com calda de chocolate 242

Rabanadas de brioche com compota de mirtilo 244

Sundae crocante de frutas vermelhas 246

Frutas vermelhas com caldas mescladas 248

Taça cremosa de manga 250

Compota de frutas vermelhas com iogurte 252

Zabaione de pêssego e framboesa 254

Crumble de ruibarbo e gengibre 256

Fondue de chocolate com morango e marshmallow 258

Abacaxi caramelizado com rum 260

Taça crocante de frutas vermelhas e limão 262

Pavê indiano de morango 264

Torta de frutas tropicais e creme de baunilha 266

Cubos de melancia com limão e grenadine 268

Cranachan de amora, canela e maçã 270

Suflê de chocolate com framboesa 272

Arroz-doce com limão e coco 274

Pavlovas de frutas vermelhas 276

Mangas carameladas 278

10

Merengue de limão com mirtilo 230

Salada de figo, laranja, gorgonzola e amaretto 232

Taça de mel, frutas vermelhas e iogurte 234

Taça de creme de baunilha com amora e laranja 236

Crème brûlée de cereja e framboesa 238

Panqueca de chocolate e banana 240

Biscoitos de especiarias 242

Cheesecake de mirtilo 244

Torrada de brioche e frutas vermelhas 246

Sorbet instantâneo de frutas vermelhas 248

Lassi de manga e cardamomo 250

Salada de frutas vermelhas com suspiro 252

Salada de pêssego e framboesa com creme de mascarpone e limão 254

Compota de ruibarbo e gengibre 256

Morangos revestidos com chocolate 258

Espetinhos de abacaxi com especiarias 260

Taça de frutas vermelhas, kirsch e creme de baunilha 262

Bolo de morango 264

Salada de frutas tropicais 266

Refresco de melancia, limão e grenadine 268

Compota quente de amora e canela 270

Quadradinhos de chocolate e framboesa 272

Morangos com limão, coco e cointreau 274

Taça de chocolate, frutas vermelhas e cointreau 276

Carpaccio de manga e hortelã 278

20

Tortinhas rápidas de limão

4 porções

4 bases de massa pronta para tortinhas individuais
12 colheres (sopa) de creme de limão
1 clara
50 g de açúcar refinado

Para o creme de limão

12 colheres (sopa) de leite condensado
2 colheres (sopa) de suco de limão

- Misture bem os ingredientes do creme de limão e leve ao micro-ondas por 40 segundos.
- Encha cada base de tortinha com um quarto do creme de limão.
- Em uma tigela grande, bata a clara até ficar firme. Aos poucos, junte o açúcar, até o merengue ficar espesso e brilhante.
- Com uma bisnaga de confeiteiro, coloque o merengue sobre o creme de limão e leve ao forno preaquecido a 200 °C por 5-6 minutos, ou até o merengue começar a dourar. Deixe esfriar um pouco e sirva.

---

10 Merengue de limão com mirtilo

Quebre dois discos de suspiro e coloque no fundo de quatro taças de sobremesa. Bata 200 ml de creme de leite fresco até ficar firme e, em seguida, junte 8 colheres (sopa) de creme de limão para criar um efeito marmorizado. Coloque essa mistura sobre o suspiro picado e cubra cada taça com 25 g de mirtilo.

30 Torta de limão divina

Misture, em uma tigela, 125 g de farinha de trigo e adicione 50 g de manteiga em cubos. Amasse até obter uma farofa. Junte 25 g de açúcar de confeiteiro. Bata suavemente uma gema com 1 colher (sopa) de água fria, adicione à farofa e mexa bem, fazendo uma massa lisa. Abra a massa para dispor em uma fôrma de 23 cm de diâmetro. Asse em forno preaquecido com um punhado de grãos de feijão para dar peso a 180 °C por 17-23 minutos, até dourar. Deixe esfriar e descarte os feijões. Coloque 625 g de creme de limão. Bata 200 ml de creme de leite fresco e espalhe sobre o creme de limão. Corte em fatias e sirva.

30 Figos assados com calda de amaretto

4 porções

8-12 figos maduros (dependendo do tamanho das frutas, 2-3 por pessoa)
4 laranjas grandes descascadas e cortadas em fatias grossas
12 colheres (sopa) de licor amaretto
50 ml de vinho branco doce
4 colheres (sopa) de açúcar
150 g de mascarpone levemente batido
4 colheres (sopa) de pistaches picados

- Retire as pontas e corte os figos ao meio.
- Coloque as fatias de laranja em um refratário raso e cubra com as metades do figo.
- Misture o amaretto, o vinho e o açúcar e despeje sobre as frutas. Cubra com papel-alumínio e asse em forno preaquecido a 200 °C por 10-12 minutos.
- Divida a mistura entre quatro pratos aquecidos e regue com a calda formada.
- Sirva com bastante mascarpone e polvilhe pistache.

10 Salada de figo, laranja, gorgonzola e amaretto

Corte 12 figos maduros em fatias finas e coloque sobre um prato com 2 laranjas em gomos. Espalhe cerca de 100 g de cubos de gorgonzola. Faça a calda misturando o suco de 1 laranja e 4 colheres (sopa) de amaretto e despeje sobre a salada. Salpique 50 g de pistaches e sirva.

20 Taça de figo com creme de amaretto

Corte 12 figos em fatias grossas e coloque sobre uma assadeira levemente untada com óleo. Polvilhe 4 colheres (sopa) de açúcar e asse em forno preaquecido por 4-5 minutos. Bata 200 ml de creme de leite fresco até ficar firme e acrescente 4 colheres (sopa) de amaretto. Divida os figos em quatro taças de sobremesa e cubra com o creme de amaretto. Polvilhe cerca de 100 g de pistaches e nozes picados e sirva imediatamente.

10 Taça de mel, frutas vermelhas e iogurte

4 porções

400 g de frutas vermelhas (amora, framboesa, morango, groselha, mirtilo)
suco de 1 laranja
6 colheres (sopa) de mel
400 ml de iogurte natural aromatizado com essência ou fava de baunilha
50 g de granola

- Bata metade das frutas vermelhas com o suco de laranja e o mel no liquidificador até ficar um purê bem liso.
- Transfira para uma tigela e misture as frutas restantes.
- Divida um terço do purê de frutas vermelhas entre quatro taças de sobremesa. Cubra com metade do iogurte.
- Coloque mais uma camada de frutas vermelhas e outra com o iogurte restante.
- Cubra com o purê de frutas vermelhas restante e polvilhe granola antes de servir.

20 Smoothie de iogurte, frutas vermelhas e laranja

Descasque e fatie 2 laranjas grandes e leve ao liquidificador. Adicione 750 ml de iogurte natural aromatizado com essência ou fava de baunilha e 400 g de frutas vermelhas. Acrescente 4 colheres (sopa) de mel e bata até ficar espesso e liso. Sirva imediantamente em quatro copos refrigerados.

30 Tortinhas de frutas vermelhas e iogurte

Corte 2 folhas grandes de massa filo ao meio; depois, cada metade em 4 quadrados, resultando 16 quadrados. Pincele cada um com manteiga derretida. Empilhe 4 quadrados e repita a operação com os restantes para criar 4 pilhas. Use 4 forminhas retangulares de 10 cm. Asse as tortinhas por 8-10 minutos no forno preaquecido a 180 °C, até ficarem crocantes e douradas. Deixe esfriar e retire das fôrmas. Para servir, coloque 2 colheres (sopa) de iogurte natural aromatizado com baunilha em cada tortinha e 200 g de frutas vermelhas. Polvilhe açúcar de confeiteiro e sirva imediatamente.

30 Crumble de amora

4 porções
750 g de amoras
2 laranjas em gomos
raspas e suco de 1 laranja
200 g de manteiga
200 g de farinha de trigo
100 g de açúcar mascavo
creme de baunilha, para servir

creme de baunilha
3 gemas
3 colheres (sopa) de açúcar
300 ml de leite
gotas de essência de baunilha

- Misture as amoras, os gomos, as raspas e o suco da laranja em uma tigela.
- Em uma tigela separada, amasse a manteiga e a farinha com as pontas dos dedos até formar uma farofa. Acrescente o açúcar.
- Coloque o preparado de amoras com laranja em um refratário e espalhe a farofa.
- Para fazer o creme de baunilha, bata em uma tigela 3 gemas com 3 colheres (sopa) de açúcar e gotas de essência de baunilha. Leve ao fogo 300 ml de leite apenas até ferver e acrescente-o aos poucos às gemas, mexendo sem parar, a fim de evitar que as gemas cozinhem. Coloque a mistura na panela. Aqueça em fogo baixo, mexendo sempre, até o creme engrossar (não deixe ferver para não talhar). Polvilhe um pouco de açúcar para evitar que se forme uma película.
- Asse em forno preaquecido a 220 °C por 20-25 minutos, até dourar. Retire do forno e sirva quente com o creme de baunilha.

---

10 **Taça de creme de baunilha com amora e laranja** Divida 300 ml de creme de baunilha em quatro taças de sobremesa. Bata 200 g de amoras no liquidificador com 4 colheres (sopa) de açúcar até formar um purê liso e coloque sobre o creme nas taças. Descasque e fatie 2 laranjas grandes e disponha sobre o purê de amora. Cubra cada taça com uma bola pequena de sorvete de creme e sirva.

20 **Chutney aromático de amora** Em uma panela grande, misture 500 g de amoras, 150 g de açúcar, 1 cebola roxa pequena picada, 1 colher (sopa) de gengibre ralado e 1 colher (sopa) de mostarda de Dijon. Cozinhe, mexendo sem parar, em fogo médio até as amoras desmancharem. Tempere a gosto. Adicione 100 ml de vinagre de vinho branco e apure destampado por 10 minutos. Deixe esfriar um pouco, transfira para um frasco esterilizado quente e feche imediatamente. Apesar de ser um chutney, ele vai bem com muffins ou scones quentes e coalhada.

20 Crème brûlée de cereja e baunilha

4 porções

300 g de cerejas maduras sem caroço e picadas
12 colheres (sopa) de açúcar
50 g de cerejas glaceadas picadas
4 colheres (sopa) de kirsch ou licor de cereja
400 ml de iogurte natural aromatizado com favas ou essência de baunilha

- Misture as cerejas frescas em uma tigela com a metade do açúcar, as cerejas glaceadas picadas e o kirsch.
- Coloque a mistura de cereja em quatro tigelinhas de vidro e cubra com o iogurte.
- Polvilhe o açúcar restante sobre o iogurte e use um maçarico (ou coloque as forminhas no forno quente por 2-3 minutos) para caramelizar. Sirva imediatamente.

---

10 **Crème brûlée de cereja e framboesa** Coloque 300 g de cerejas sem caroço e 300 g de framboesas em um refratário. Acrescente 400 ml de creme preparado com pó para pudim de baunilha instantâneo e polvilhe 4 colheres (sopa) de açúcar. Asse em forno preaquecido médio-alto por 4-5 minutos, ou até dourar e borbulhar. Sirva imediatamente.

30 **Biscoitos de chocolate branco, baunilha e cereja** Bata 200 g de manteiga sem sal, 75 g de açúcar mascavo, 75 g de açúcar, 1-2 gotas de essência de baunilha e 1 ovo até obter um creme homogêneo. Em seguida, misture 250 g de farinha com fermento, 100 g de chocolate branco picado, 75 g de cerejas glaceadas picadas e meia colher (chá) de sal. Faça bolinhos com a colher (a receita rende cerca de 20) e coloque em uma assadeira antiaderente. Garanta que cada bolinho tenha espaço ao seu redor para crescer. Asse em forno preaquecido a 190 °C por 12-14 minutos, até começarem a dourar, mas ainda parecerem cremosos no meio. Deixe na assadeira por 5 minutos antes de transferi-los para uma grade para esfriarem completamente.

30 Petit gâteau de chocolate

4 porções

150 g de manteiga em cubos, mais um pouco para untar
25 g de cacau em pó
200 g de chocolate meio amargo em pedaços
2 ovos, mais 2 gemas
125 g de açúcar
25 g de farinha de trigo
sorvete de creme ou creme de baunilha (ver p. 236), para servir

- Unte quatro forminhas de 200 ml e polvilhe um pouco de cacau em pó em cada uma. Ponha em uma assadeira.
- Coloque o chocolate meio amargo e a manteiga em uma tigela refratária sobre uma panela em banho-maria. Mexa o chocolate ocasionalmente até derreter e ficar liso e brilhante. Deixe esfriar.
- Enquanto isso, bata os ovos, as gemas e o açúcar em uma tigela por 5 minutos, até obter um creme espesso.
- Misture o chocolate já frio com o creme de gemas. Em seguida, peneire a farinha e o cacau restante e delicadamente coloque nas fôrmas.
- Asse os bolinhos em forno preaquecido a 180 °C por 14-16 minutos, ou até as laterais parecerem firmes, mas com o interior ainda cremoso. Segure cada fôrma com um pano, e, cuidadosamente, passe uma faca afiada em torno de cada bolinho, virando cada um sobre um prato aquecido. Também podem ser usados ramequins de louça para assar e servir. Sirva com uma bola de sorvete de creme ou um pouco de creme de baunilha.

---

10 Panqueca de chocolate e banana

Derreta 200 g de chocolate meio amargo em uma panela pequena. Distribua 4 panquecas prontas em quatro pratos e coloque uma banana fatiada no centro de cada uma. Regue com o chocolate derretido e sirva.

20 Musse de chocolate com crocante de mel

Derreta 150 g de chocolate ao leite picado em banho-maria. Em seguida, misture duas barras de 40 g de chocolate com crocante de mel. Bata 300 ml de creme de leite fresco com 250 g de mascarpone até ficar homogêneo e, em seguida, junte o chocolate para criar um efeito marmorizado. Coloque em taças de vidro, polvilhe cacau em pó e sirva.

30 Scones com sorvete de creme e calda de chocolate

4 porções

250 g de farinha de trigo com fermento
1 colher (chá) de canela em pó
1 colher (chá) de pimenta--da-jamaica
50 g de açúcar
1 ovo
300 ml de leite
óleo de girassol para fritar

Para servir

4 colheres de sorvete de creme
8 colheres (sopa) de calda de chocolate

- Misture a farinha, a canela, a pimenta e o açúcar em uma tigela e faça uma covinha no centro.
- Bata o ovo e despeje na covinha.
- Aos poucos, adicione o leite, amassando bem até ficar uma massa homogênea.
- Aqueça um pouco de óleo em uma frigideira pesada até ficar razoavelmente quente.
- Despeje colheradas da massa e frite alguns scones por vez durante 1-2 minutos de cada lado, até surgirem bolhas na superfície e dourarem embaixo. Ao retirá-los da frigideira, separe-os com papel-toalha e mantenha-os em um prato aquecido em forno a 150°C. Repita o processo até usar toda a massa.
- Sirva 3 scones por pessoa com bolas de sorvete de creme e regue com a calda de chocolate.

---

10 Biscoitos de especiarias Misture 100 g de manteiga amolecida com 75 g de açúcar mascavo, 1 colher (chá) de canela em pó e um quarto de colher (chá) de pimenta-da--jamaica. Acrescente 1 ovo batido e 175 g de farinha de trigo com fermento peneirada. Coloque colheradas da massa em uma assadeira forrada com papel-manteiga e asse em forno preaquecido a 180 °C por 8-10 minutos. Retire do forno e deixe esfriar.

20 Panquecas de ricota com calda de chocolate Misture 75 g de farinha de trigo com fermento, 1 colher (chá) de canela em pó, meia colher (chá) de sal e 25 g de açúcar em uma tigela grande. Bata 2 gemas (reservando as claras), 6 colheres (sopa) de iogurte natural desnatado e 40 g de manteiga derretida. Adicione delicadamente aos ingredientes secos. Faça o mesmo com 100 g de ricota. Bata as claras até ficarem firmes e incorpore à massa aos poucos. Aqueça um pouco de manteiga em uma frigideira grande com cabo refratário, adicione 3 colheres (sopa) de massa para cada panqueca, devidamente espaçadas. Coloque a frigideira em forno preaquecido a 160 °C por 4 minutos, retire e vire as panquecas. Leve ao forno por mais 4 minutos, ou até ficarem firmes ao toque. Coloque uma panqueca em cada prato, regue com um pouco de calda de chocolate pronta e sirva com uma colherada de creme de leite fresco.

30 Panquecas de mirtilo

4 porções

250 ml de leite
2 ovos
100 g de açúcar
75 g de manteiga derretida, mais um pouco para untar
1 colher (chá) de fermento em pó
uma pitada de sal
250 g farinha de trigo
100 g de mirtilos, mais um pouco para servir
mel ou maple syrup, para servir

- Misture o leite, os ovos, o açúcar e a manteiga derretida em uma tigela grande. Acrescente o fermento e o sal, adicione metade da farinha e mexa bem até incorporar todos os ingredientes. Em seguida, adicione a farinha restante. Leve os mirtilos à massa e misture bem.
- Aqueça uma frigideira antiaderente grande em fogo médio-alto. Unte com um pouco de manteiga derretida usando papel-toalha. Abaixe o fogo para médio e despeje pequenos círculos de massa na frigideira, deixando espaço entre cada panqueca. Adicione mais manteiga para fritar, se julgar necessário.
- Frite por 1-2 minutos de cada lado, ou até dourar. Em seguida, retire as panquecas da frigideira e as mantenha quentes. Continue o processo até usar toda a massa.
- Divide as panquecas em quatro pratos aquecidos em forno a 150 °C e regue com maple syrup ou mel. Sirva imediatamente, com mirtilos para acompanhar.

---

10 Cheesecake de mirtilo Amasse 4 biscoitos de maisena e coloque na base de quatro taças de sobremesa. Bata 250 g de mascarpone, 4 colheres (sopa) de creme de leite fresco, 4 colheres (sopa) de açúcar de confeiteiro e o suco e as raspas de 1 limão-siciliano e adicione sobre os biscoitos. Cubra esse creme com 150 g de mirtilos e sirva.

20 Rabanadas de brioche com compota de mirtilo Aqueça 100 g de mirtilos em uma panela com 2 colheres (sopa) de açúcar e um pouco de suco de limão-siciliano. Quando os mirtilos começarem a liberar o suco, apure por 2-3 minutos, até atingirem a consistência de uma geleia. Enquanto isso, faça a rabanada. Em uma tigela, misture 2 ovos, 4 colheres (sopa) de leite, 1 colher (sopa) de açúcar e algumas gotas de essência de baunilha e mexa até dissolver o açúcar. Mergulhe quatro fatias grossas de brioche na mistura de ovo até ficarem completamente cobertas. Aqueça um pouco de manteiga em uma frigideira grande e frite cada brioche até dourar dos dois lados. Sirva as rabanadas com uma bola de sorvete de creme e a compota de mirtilo.

30 Rabanada com mirtilo e groselha

4 porções
3 ovos
100 ml de leite
50 ml de creme de leite fresco
100 g de açúcar
2 colheres (chá) de canela em pó
6 fatias grossas de pão branco
400 g de mirtilos e groselhas
2 colheres (sopa) de água
75 g de manteiga
creme de leite fresco, para servir

- Em uma tigela grande, misture os ovos, o leite, o creme de leite, metade do açúcar e uma pitada de canela.
- Mergulhe as fatias de pão nessa mistura por 2 minutos.
- Em uma frigideira, misture a canela restante com a outra metade do açúcar e passe as frutas até ficarem bem cobertas. Adicione a água e aqueça tudo em fogo médio por 3-4 minutos. Retire do fogo e mantenha aquecido.
- Em outra frigideira grande antiaderente, derreta metade da manteiga. Retire o líquido excedente de três fatias de pão e frite por 2-3 minutos de cada lado, ou até dourarem. Repita com o restante da manteiga e as outras três fatias de pão. Coloque as rabanadas em papel-toalha, corte cada uma pela metade na diagonal e aqueça as fatias em forno preaquecido a 150 °C.
- Coloque a calda de frutas vermelhas em torno das rabanadas e sirva imediatamente com uma generosa porção de creme de leite fresco.

10 Torrada de brioche e frutas vermelhas

Torre quatro fatias fatias grossas de brioche. Bata 50 ml de creme de leite fresco com 4 colheres (sopa) de açúcar, até ficar firme, e espalhe sobre os brioches torrados. Coloque cerca de 200 g de mirtilos e groselhas, polvilhe açúcar de confeiteiro e sirva.

20 Sundae crocante de frutas vermelhas

Bata 400 ml de creme de leite fresco em uma tigela. Quebre dois discos de suspiro sobre o creme e adicione 100 g de groselhas e 200 g de mirtilos. Incorpore delicadamente para que as frutas se misturem ao creme, criando um efeito marmorizado. Coloque bolas grandes de sorvete de creme ou baunilha no fundo de quatro copos de sundae, cubra com colheradas do creme com frutas e polvilhe açúcar de confeiteiro.

10 Sorbet instantâneo de frutas vermelhas

4 porções

300 g de frutas vermelhas congeladas
400 ml de iogurte de framboesa
6 colheres (sopa) de açúcar de confeiteiro

- Bata as frutas vermelhas, o iogurte e o açúcar em um processador ou liquidificador, até misturar bem.
- Raspe o purê de frutas dos lados do copo do liquidificador e bata novamente.
- Coloque o sorbet em taças refrigeradas e sirva imediatamente.

---

20 Frutas vermelhas com caldas mescladas Disponha 400 g de frutas vermelhas variadas em quatro taças refrigeradas. Derreta 100 g de chocolate meio amargo e 100 g de chocolate branco em duas panelas pequenas separadas. Bata 150 ml de creme de leite fresco até ficar firme. Na hora de servir, regue as frutas vermelhas com as duas caldas e sirva imediatamente com uma colherada de chantilly.

---

30 Clafoutis de frutas vermelhas Unte quatro ramequins de 200 ml e distribua 300 g de frutas vermelhas entre eles. Bata 125 g de cream cheese com 150 g de açúcar e 50 g de farinha de trigo, até ficar homogêneo. Acrescente algumas gotas de essência de baunilha, 3 ovos e 6 colheres (sopa) de leite. Despeje uniformemente sobre as frutas e asse em forno preaquecido a 200 °C por 20 minutos, ou até dourar. Polvilhe açúcar de confeiteiro e sirva com iogurte de framboesa.

20 Taça cremosa de manga

4 porções

4 mangas doces, maduras e firmes
200 g de polpa congelada de manga
50 g de açúcar
150 ml de creme de leite fresco
¼ colher (chá) de bagas de cardamomo trituradas, mais um pouco para decorar
200 ml de creme de baunilha (ver p. 236)

- Descasque e pique as mangas em cubos. Bata, no liquidificador, três quartos da fruta com a polpa de manga e o açúcar, formando um purê homogêneo.
- Bata o creme de leite com as bagas de cardamomo, até ficar firme, e incorpore o creme de baunilha delicadamente. Incorpore também um quarto do purê de manga para dar um efeito marmorizado (esse será o creme branco).
- Divida o restante dos cubos de manga em quatro taças individuais, deixando alguns para decorar, e cubra com o restante do purê de manga e uma camada do creme branco. Repita as camadas.
- Decore com os cubos restantes e uma pitada de bagas de cardamomo trituradas. Mantenha refrigerado até a hora de servir.

---

10 Lassi de manga e cardamomo Descasque e pique 3 mangas maduras. Coloque no liquidificador com 4 colheres (sopa) de mel, 500 ml de iogurte natural e 1 colher (chá) de bagas de cardamomo trituradas. Bata até ficar homogêneo, despeje em quatro taças com gelo e sirva.

---

30 Tortinhas saborosas de manga Corte uma folha de massa folhada pronta no sentido do comprimento.Em seguida, corte cada metade em 4 retângulos de tamanho uniforme, totalizando oito pedaços Coloque-os em uma assadeira forrada com papel-manteiga. Pincele com 2 colheres (sopa) de leite e polvilhe 1 colher (sopa) de açúcar demerara. Descasque e pique 2 mangas maduras. Disponha as fatias sobre os retângulos de massa folhada e, em seguida, regue com mais de 2 colheres (sopa) de mel e espalhe 1 colher (chá) de bagas de cardamomo trituradas. Asse em forno preaquecido a 200 °C por 15-20 minutos, até crescerem e dourarem. Sirva com creme de leite fresco ou creme de baunilha.

10 Salada de frutas vermelhas com suspiro

4 porções

400 g de frutas vermelhas (amoras, framboesas e mirtilos), mais um pouco para decorar
400 ml de iogurte de morango
300 ml de creme de leite fresco
4 colheres (sopa) de açúcar de confeiteiro
4 discos de suspiro em pedaços

- Coloque metade das frutas no liquidificador e bata até formar um purê homogêneo. Transfira para uma tigela com o iogurte de morango e misture bem.
- Junte as frutas vermelhas restantes em uma tigela com o creme de leite e o açúcar de confeiteiro. Adicione a mistura ao purê de frutas vermelhas com iogurte, fazendo uma espiral para criar um efeito marmorizado.
- Incorpore delicadamente os pedaços de suspiro e divida a sobremesa em quatro taças refrigeradas.
- Sirva imediatamente, decorada com frutas.

20 Compota de frutas vermelhas com iogurte

Aqueça 500 g de frutas vermelhas em uma panela com 50 g de açúcar e algumas gotas de essência de baunilha por 4-5 minutos, ou até amaciarem. Retire do fogo e deixe esfriar. Transfira metade dessa compota para quatro taças de sobremesa. Faça uma camada com 200 ml de iogurte de morango e outra com a compota restante. Quebre dois discos de suspiro e sirva em temperatura ambiente ou gelado.

30 Pavê de frutas vermelhas

Cozinhe 200 g de framboesas, 200 g de mirtilos, 200 g de amoras, 50 g de açúcar e 2 colheres (sopa) de água em uma panela pequena por 2-3 minutos, até amaciar as frutas. Deixe esfriar. Corte quatro fatias de bolo pronto em pedaços pequenos e use para forrar quatro taças de sobremesa. Coloque a compota de frutas vermelhas seguida por 200 ml de creme de baunilha (ver p. 236). Repita todas as camadas e finalize com creme de leite fresco. Leve à geladeira até a hora de servir.

30 Pavê de mascarpone com pêssego e framboesa

4 porções
150 g de mascarpone
raspas e suco de 1 limão-siciliano
75 g de açúcar, mais 1 colher (sopa)
150 ml de creme de leite fresco
400 g de framboesas frescas
4 pêssegos maduros frescos

- Misture o mascarpone com o suco e as raspas de limão e o açúcar até ficar homogêneo. Bata o creme de leite até ficar firme e, em seguida, incorpore delicadamente ao mascarpone batido com limão e acúcar.
- Bata um quarto das framboesas no processador ou no liquidificador com 1 colher (sopa) de açúcar, por 1-2 minutos, ou até ficar homogêneo. Transfira para uma tigela. Incorpore as frutas vermelhas restantes.
- Descasque e corte os pêssegos em fatias grossas e disponha metade na base de quatro taças de sobremesa.
- Faça camadas seguindo esta ordem: pêssegos, creme de mascarpone e creme de framboesa. A montagem deve terminar com o creme de framboesa. Leve à geladeira até a hora de servir.

---

10 Salada de pêssego e framboesa com creme de mascarpone e limão Descasque e fatie 4 pêssegos maduros, arrume as fatias em uma travessa com 200 g de framboesas. Misture 100 g de mascarpone com 75 ml de creme de leite, o suco e as raspas de meio limão-siciliano e 50 g de açúcar. Sirva a salada de frutas com uma quantidade generosa de creme.

20 Zabaione de pêssego e framboesa Leve a uma frigideira grande em fogo médio-alto 3 pêssegos maduros descascados e fatiados com 2 colheres (sopa) de açúcar e 3 colheres (sopa) de marsala. Refogue por 2-3 minutos, até ficarem tenros. Coloque essa compota em quatro taças de sobremesa e acrescente 100 g de framboesas. Reserve. Bata 4 gemas e 75 g de açúcar em um refratário por 5 minutos, até obter um creme espesso amarelo-claro. Coloque a tigela sobre uma panela em banho-maria e acrescente 150 ml de marsala, até que o creme quase triplique de volume e fique espumoso e firme. Tome cuidado para não ferver e talhar. Coloque porções sobre os pêssegos e framboesas e sirva ainda quente.

30 Taça de ruibarbo, laranja e gengibre

4 porções

300 g de ruibarbo ou maçã
2 colheres de gengibre em calda escorrido
50 g de açúcar
2 cravos
1 canela em pau
2 laranjas, 1 espremida e 1 descascada e cortada em gomos
50 g de mascarpone
100 ml de iogurte natural

- Acrescente em uma panela o ruibarbo (ou a maçã) em pedaços pequenos, metade do gengibre, o açúcar, o cravo, a canela e o suco de laranja.
- Coloque em fogo alto e, quando borbulhar, abaixe o fogo. Tampe e cozinhe, mexendo ocasionalmente por 4-5 minutos, ou até o ruibarbo amaciar. Descarte o cravo e a canela e deixe esfriar.
- Divida os gomos de laranja entre quatro taças de sobremesa. Misture o mascarpone e o iogurte até obter um creme homogêneo e, em seguida, alterne camadas da compota de fruta com o creme de mascarpone nas taças.
- Leve à geladeira e decore com o gengibre picado restante sobre as taças na hora de servir.

10 Compota de ruibarbo e gengibre

Coloque 500 g de ruibarbo (ou maçã) picado em uma panela com 4 colheres (sopa) de gengibre ralado, raspas de 1 laranja e 100 g de açúcar e deixe ferver. Cozinhe por 3-4 minutos, ou até amaciar. Sirva quente, sobre bolas de sorvete de creme.

20 Crumble de ruibarbo e gengibre

Unte quatro ramequins de 300 ml ou tigelas refratárias e ponha 400 g de ruibarbo (ou maçã) em pedaços de 2,5 cm. Adicione 2 colheres (sopa) de gengibre em conserva doce ralado com um pouco da calda e polvilhe 1 colher (chá) de açúcar. Divida 200 ml de creme de baunilha (ver p. 236) entre os ramequins e reserve. Misture 100 g de farinha de trigo com 75 g de manteiga até formar uma farofa. Acrescente 50 g de açúcar a esse preparo e despeje sobre o creme de baunilha. Asse em forno preaquecido a 180 °C durante 15 minutos, ou até borbulhar e dourar.

20 Fondue de chocolate com morango e marshmallow

4 porções

400 g de chocolate meio amargo cortado em pedaços pequenos
150 ml de creme de leite fresco
25 g de manteiga sem sal
50 ml de leite
morangos e marshmallows, para mergulhar no fondue

- Em uma panela pequena, aqueça o chocolate, o creme de leite, a manteiga e o leite, mexendo ocasionalmente até que o chocolate derreta e a calda fique brilhante e lisa. Transfira para uma tigela aquecida ou panela de fondue.
- Espete 1-2 morangos e marshmallows nos garfos de fondue, mergulhe no chocolate e coma imediatamente.

---

10 Morangos revestidos com chocolate Derreta 200 g de chocolate meio amargo em uma panela pequena. Forre uma travessa com papel-manteiga. Mergulhe 20 morangos maduros no chocolate e cubra-os completamente. Coloque na travessa e deixe esfriar na geladeira até endurecerem e ficarem prontos para servir.

---

30 Croissants de chocolate com morangos Forre uma assadeira com papel-manteiga. Pique uma barra de 200 g de chocolate meio amargo em quadrados pequenos. Abra 4 croissants e recheie cada um com os quadrados de chocolate. Leve os croissants ao forno preaquecido a 160 °C por 8-10 minutos, ou até derreter o chocolate e aquecer os croissants. Polvilhe açúcar de confeiteiro e sirva com sorvete de creme e morangos.

20 Abacaxi caramelizado com rum

4 porções

50 g de manteiga
4 colheres (sopa) de açúcar
625 g de abacaxi cortado em pequenos pedaços
2-3 anises-estrelados
1 canela em pau
2-3 colheres (sopa) de rum oro (envelhecido)
creme de baunilha (ver p. 236) ou sorvete de creme, para servir

- Aqueça a manteiga em uma frigideira grande até começar a ferver.
- Adicione o açúcar, o abacaxi, os anises-estrelados e a canela em pau e cozinhe por 5-6 minutos em fogo alto, mexendo continuamente até o açúcar caramelizar.
- Despeje o rum e misture bem. Cozinhe por mais 1-2 minutos, retire do fogo e sirva imediatamente com uma colherada generosa de creme ou sorvete.

---

10 Espetinhos de abacaxi com especiarias

Usando um pilão, macere 50 g de açúcar, 1 colher (chá) de canela em pó e 1 colher (chá) de anis-estrelado triturado. Coloque 500 g de cubos de abacaxi fresco em oito espetinhos. Polvilhe o açúcar aromatizado e sirva com uma colherada de chantilly.

---

30 Abacaxi em calda de rum

Coloque 625 g de cubos de abacaxi fresco em uma panela com 400 ml de água, 6 colheres (sopa) de rum oro, 1 canela em pau, 2 anises-estrelados, 2 cravos, 150 g de açúcar e deixe ferver. Reduza o fogo e cozinhe por 12-15 minutos. Retire do fogo, descarte as especiarias e deixe esfriar. Sirva quente ou frio em taças com a calda e uma porção generosa de chantilly ou uma bola de sorvete.

30 Torta de frutas vermelhas

4 porções

1 pacote de 375 g de massa folhada
200 ml de creme de leite fresco
75 ml de creme de de baunilha (ver p. 236)
1 colher (sopa) de kirsch ou licor de cereja
300 g de amoras
200 g de framboesas
200 g de mirtilos
açúcar de confeiteiro, para polvilhar

- Em uma superfície enfarinhada, abra a massa para que caiba em uma fôrma de torta de 23 cm de diâmetro. Apare as bordas com uma faca afiada.
- Utilize a ponta de uma faca para marcar a massa 1,5 cm a partir da extremidade e formar uma borda.
- Asse a massa em forno preaquecido a 220 °C por 12-15 minutos, ou até ficar fofa e dourada.
- Retire do forno e pressione a superfície, para que o recheio possa ser colocado no centro. Deixe esfriar.
- Bata o creme de leite até ficar firme e misture o creme de baunilha e o kirsch (ou o licor). Coloque esse recheio no centro da base da torta já fria.
- Disponha as frutas sobre o creme. Polvilhe açúcar de confeiteiro e sirva imediatamente.

---

10 Taça de frutas vermelhas, kirsch e creme de baunilha Misture 200 g de amoras, 200 g de framboesas e 200 g de mirtilos em uma tigela com 4 colheres (sopa) de açúcar e 2 colheres (sopa) de kirsch. Coloque em quatro taças de sobremesa. Despeje 400 ml de creme de baunilha, polvilhe cacau em pó e sirva imediatamente.

20 Taça crocante de frutas vermelhas e limão Triture 4 biscoitos amanteigados e distribua-os em quatro taças de sundae. Regue cada uma delas com 1 colher (sopa) de kirsch. Bata 250 ml de creme de leite fresco em uma tigela e adicione 4 colheres (sopa) de açúcar de confeiteiro. Acrescente 8 colheres (sopa) de creme de limão (ver p. 230), 200 g de frutas vermelhas frescas e incorpore delicadamente para criar um efeito marmorizado. Coloque essa mistura nas taças. Polvilhe 2 colheres (sopa) de amêndoas laminadas, um raminho de hortelã e sirva.

10 Bolo de morango

4 porções
1 pão de ló pronto (cerca de 15 cm de diâmetro)
150 g de creme de leite fresco
200 g de morangos pequenos cortados ao meio
8 colheres (sopa) de geleia de morango de boa qualidade
açúcar de confeiteiro, para polvilhar

- Corte o bolo ao meio (na horizontal) e coloque em um prato de servir.
- Bata o creme de leite até ficar firme e espalhe na base com uma espátula.
- Misture os morangos e a geleia e adicione delicadamente sobre o creme.
- Coloque a camada superior do bolo, pressione levemente para baixo e polvilhe açúcar de confeiteiro. Corte em fatias grossas e sirva.

---

20 Pavê indiano de morango Elimine as folhas e os talos de 300 g de morangos e corte-os ao meio. Coloque em uma tigela com 2 colheres (sopa) de água de rosas e 6 colheres (sopa) de açúcar de confeiteiro. Distribua fatias de bolo pronto em quatro taças de sobremesa e coloque o recheio de morango. Misture 400 g de coalhada seca com 8 colheres (sopa) de geleia de morango e espalhe sobre o recheio. Mantenha refrigerado até servir.

30 Sonhos de morango Unte a base de oito forminhas redondas retas de 10 x 5 cm e base removível e disponha todas em uma assadeira grande. Bata 150 g de manteiga com 150 g de açúcar em uma tigela grande até formar uma massa clarinha e macia. Em outra tigela, bata 3 ovos com algumas gotas de essência de baunilha e adicione o creme de manteiga aos poucos. Junte 150 g de farinha com fermento e incorpore delicadamente. Divida a massa entre as oito forminhas e asse em forno preaquecido a 180°C por 20 minutos. Deixe os bolinhos esfriarem. Bata levemente 300 ml de creme de leite fresco até firmar e espalhe no topo de 4 dos bolinhos. Recheie com 2 colheres (sopa) de geleia de morango e tampe com outro bolinho por cima, formando pequenos sonhos. Polvilhe açúcar de confeiteiro e sirva.

30 Pavê de frutas tropicais

4 porções

1 maracujá grande
2 colheres (sopa) de açúcar de confeiteiro (ou a gosto)
suco de 1 laranja
4 kiwis
1 manga
10-12 uvas verdes e vermelhas sem sementes
4 fatias grossas de pão de ló
400 ml de creme de baunilha (ver p. 236)

Para a cobertura

100 ml de creme de leite fresco levemente batido
raspas de laranja cortadas à juliana

- Coloque a polpa do maracujá em uma tigela grande e adicione o açúcar de confeiteiro e o suco de laranja.
- Descasque e corte o kiwi em fatias finas. Descasque e pique a manga em cubos de 1 cm.
- Adicione as frutas picadas à mistura de maracujá, bem como as uvas picadas ao meio. Refrigere até servir.
- Para montar o pavê, disponha os pedaços de pão de ló e a salada de frutas em quatro taças de sobremesa. Cubra com o creme de baunilha.
- Coloque uma colherada do creme de leite batido em cada taça e decore com as raspas de laranja.

---

10 Salada de frutas tropicais Coloque uma manga fatiada em uma tigela com 300 g de abacaxi picado, 4 kiwis descascados e picados e 200 g de uvas verdes e vermelhas sem sementes. Adicione o suco de 1 laranja e 6 colheres (sopa) de açúcar de confeiteiro e misture bem. Sirva com sorvete.

---

20 Torta de frutas tropicais e creme de baunilha Forre a base de uma massa pronta para torta de 20 cm de diâmetro com 200 ml de creme de baunilha. Descasque e pique 2 mangas maduras e 2 kiwis. Disponha as frutas picadas sobre o creme na torta e 100 g de uvas sem sementes ao meio. Polvilhe açúcar de confeiteiro e sirva com chantilly.

20 Cubos de melancia com limão e grenadine

4 porções

4 colheres (sopa) de grenadine (xarope de romã)
50 g de açúcar
suco e raspas de 1 limão, mais um pouco para decorar
100 ml de água
1 melancia pequena ou média

- Coloque o grenadine, o açúcar, as raspas e o suco de limão com a água em uma panela pequena e deixe ferver. Reduza o fogo e cozinhe por 6-8 minutos, até ficar grosso e com aspecto de calda. Retire do fogo e deixe esfriar.
- Enquanto isso, corte a melancia ao meio e, usando uma faca afiada, retire a casca da parte inferior de cada metade.
- Coloque as metades em uma tábua e, de cima para baixo, corte a melancia em quatro, criando dois grandes quadrados.
- Corte cada quadrado de melancia em pequenos cubos e coloque-os em uma travessa, formando um quadrado grande.
- Regue com a calda de grenadine gelada, espalhe as raspas de limão e sirva imediatamente.

---

10 Refresco de melancia, limão e grenadine Bata meia melancia no liquidificador com 4 colheres (sopa) de grenadine, 4 colheres (sopa) de açúcar, 4 colheres (sopa) de folhas de hortelã, suco e raspas de 1 limão. Disponha gelo picado em quatro taças altas, distribua o suco e sirva imediatamente.

30 Espetinhos de melancia com calda de limão e hortelã Aqueça 200 g de açúcar em uma panela com 150 ml de água e deixe ferver. Reduza o fogo e cozinhe por 15-20 minutos, até dissolver o açúcar e engrossar a calda. Retire do fogo, misture o suco e as raspas de 1 limão com 4 colheres (sopa) de folhas de hortelã picadas. Deixe esfriar. Enquanto isso, corte meia melancia em cubos pequenos e disponha em oito espetos. Coloque em um prato raso e regue com a calda de limão. Sirva em temperatura ambiente ou gelado.

20 Cranachan de amora, canela e maçã

4 porções

4 colheres (chá) de aveia para mingau
8 colheres (chá) de açúcar
250 g de iogurte natural aromatizado com baunilha (essência ou fava)
½ colher (chá) de canela em pó
1 colher (sopa) de uísque
400 g de amoras, mais um pouco para decorar
2 colheres (sopa) de manteiga
1 maçã descascada e ralada

- Coloque uma frigideira pequena em fogo médio-alto, adicione a aveia e frite por 1 minuto. Em seguida, acrescente 3 colheres (chá) de açúcar.
- Refogue, mexendo por 2-3 minutos até dourar a aveia levemente, e, então, transfira para uma assadeira com papel-manteiga e deixe esfriar.
- Misture o iogurte, a canela, 1 colher (chá) de açúcar e o uísque. Junte as amoras, esmagando-as um pouquinho.
- Aqueça uma frigideira antiaderente em fogo alto, acrescente a manteiga e refogue a maçã por 3-4 minutos. Quando começar a amolecer, acrescente o açúcar restante e cozinhe até dourar. Deixe esfriar.
- Faça camadas com o preparado de de amoras e o doce de maçã em quatro taças de sobremesa. Cubra com amoras inteiras, polvilhe a aveia crocante e sirva.

---

10 Compota quente de amora e canela Aqueça 625 g de amoras com 1 colher (chá) de canela em pó, 4 colheres (sopa) de açúcar e um pouco de suco de limão em uma panela e deixe ferver. Cozinhe por 5-6 minutos, até as amoras desmancharem e a compota encorpar. Sirva quente sobre bolas de sorvete de creme ou com iogurte aromatizado com baunilha.

30 Crumble de amora e maçã Descasque e pique 625 g de maçãs em pequenos pedaços. Esprema o suco de meio limão-siciliano sobre os pedaços da maçã e misture bem. Em quatro ramequins ou refratários de 300 ml, disponha em camadas as maçãs, 200 g de amoras e 175 g de açúcar demerara. Para a cobertura, amasse 250 g de manteiga com 250 g de farinha de trigo em uma tigela grande até formar uma farofa. Adicione 125 g de müsli com 50 g de açúcar mascavo e mexa. Polvilhe a farofa sobre as frutas uniformemente. Asse em forno preaquecido a 200°C por 20 minutos, até cozinhar as frutas e o suco da amora umedecer a camada superior. Deixe esfriar por alguns minutos e sirva com creme de baunilha (ver p. 236) ou sorvete de creme.

30 Rocambole de chocolate e framboesa

4 porções

manteiga para untar
100 g de chocolate em quadradinhos
4 ovos grandes separados
100 g de açúcar
50 g de farinha com fermento peneirada
300 ml de creme de leite fresco
300 g de framboesas, mais algumas para decorar
cacau em pó, para polvilhar

- Unte e forre uma assadeira de 30 x 23 cm com papel-manteiga.
- Derreta o chocolate em banho-maria.
- Em uma tigela grande, bata as gemas e o açúcar até formar um creme claro. Junte o chocolate derretido e a farinha.
- Bata as claras em neve em uma tigela separada. Incorpore-as delicadamente ao creme de chocolate até misturar bem.
- Transfira essa massa para a fôrma untada e distribua uniformemente. Asse por 15-20 minutos em forno preaquecido a 180 °C, até que o bolo cresça um pouco e pareça firme ao toque.
- Cuidadosamente, transfira o bolo para um novo papel-manteiga. Retire o papel em que foi assado e descarte. Enrole o bolo, formando um rolo, no papel novo e limpo.
- Bata o creme de leite e incorpore delicadamente as framboesas.
- Desenrole o rocambole e espalhe o creme de framboesa, deixando um pequeno espaço ao redor da borda. Enrole o rocambole (não se preocupe com rachaduras). Polvilhe o cacau em pó, decore com framboesas e sirva imediatamente.

---

10 Quadradinhos de chocolate e framboesa Bata 50 ml de creme de leite e espalhe sobre 4 brownies pequenos prontos. Cubra cada um com 10-12 framboesas, polvilhe açúcar de confeiteiro e sirva imediatamente.

20 Suflê de chocolate com framboesa Unte quatro ramequins médios. Derreta 200 g de chocolate meio amargo com 150 g de manteiga em banho-maria. Bata 4 ovos com 150 g de açúcar até formar um creme claro e aerado e acrescente 100 g de farinha de trigo. Incorpore delicadamente ao chocolate derretido. Divida entre as forminhas e leve ao forno preaquecido a 180 °C por 8-12 minutos. Os suflês vão crescer e formar uma crosta firme, mas ainda deverão estar cremosos no meio. Sirva cada um com um punhado de framboesas e chantilly.

30 Bolinhos de banana, coco e limão

4 porções

suco de 2 limões
6 colheres (sopa) de açúcar
4 bananas cortadas em três ou quatro pedaços
200 g de maisena
100 g de farinha com fermento
3 colheres (sopa) de coco ralado
3 gemas grandes
75 ml de água com gás
óleo vegetal para fritar
açúcar de confeiteiro, para polvilhar
mel, para regar

- Misture o suco de limão com o açúcar em uma tigela. Adicione as bananas, mexa bem e deixe marinar por 5 minutos.
- Passe as bananas em metade da maisena até ficarem bem revestidas e reserve. Peneire o restante da maisena e a farinha com fermento em uma tigela. Junte o coco.
- Bata as gemas com a água com gás em uma tigela. Adicione a mistura de farinha com coco e bata novamente até formar uma massa espessa.
- Encha uma panela profunda de tamanho médio com um quarto de óleo vegetal. Aqueça o óleo a 180 °C por 10-15 segundos.
- Passe as bananas na massa e coloque cuidadosamente no óleo vegetal quente para fritar por 1-2 minutos, em porções, até dourar. Com cuidado, retire-as com uma escumadeira e escorra em papel-toalha. Mantenha-as quentes em uma assadeira em forno preaquecido a 150 °C.
- Sirva imediatamente, polvilhadas com açúcar de confeiteiro e regadas com mel.

---

10 Morangos com limão, coco e cointreau Em uma tigela grande, misture 2 colheres (sopa) de açúcar, 2 colheres (sopa) de cointreau ou licor de laranja e o suco de meio limão. Misture 200 g de coco fresco ralado e 200 g de morangos picados. Misture bem e sirva.

---

20 Arroz-doce com limão e coco Aqueça 300 ml de leite de coco em uma panela com 150 g de açúcar, 100 g de coco ralado fresco e as raspas de 2 limões. Deixe ferver e acrescente 250 g de arroz basmati cozido. Cozinhe por 4-5 minutos, até engrossar. Distribua em tigelas e sirva decorado com raminhos de hortelã.

30 Cheesecake de frutas vermelhas

4 porções
25 g de manteiga
1 colher (sopa) de melado
125 g de biscoitos maisena de chocolate

Para o recheio
200 g de frutas vermelhas, mais um pouco para decorar
175 g de cream cheese
100 g de açúcar
suco e raspas de 1 limão-siciliano
½ colher (chá) de essência de baunilha
2 colheres (sopa) de água
½ saquinho de gelatina em pó
250 ml de creme de leite
folhas de hortelã, para decorar

- Coloque a manteiga e o melado em uma panela e derreta em fogo médio. Triture bem as bolachas no processador (ou bata com um rolo em um saco) e adicione à panela.
- Bata as frutas vermelhas no processador ou liquidificador, peneire para remover as sementes e reserve.
- Forre uma assadeira com papel antiaderente e distribua a massa de biscoitos em moldes circulares de acetato, formando discos de 4 x 10 cm, e pressione-os bem. Refrigere.
- Para fazer o recheio, misture o cream cheese, o açúcar, o suco e as raspas de limão e a essência de baunilha. Coloque a gelatina em uma tigela pequena (com a quantidade de água indicada no pacote) e leve ao micro-ondas por 30 segundos. Junte a gelatina ao preparado de cream cheese.
- Enquanto isso, bata o creme de leite e incorpore a mistura de cream cheese e o purê de frutas. Agite bem para criar um efeito marmorizado. Despeje nos quatro discos de massa refrigerados e alise com uma espátula. Refrigere até a hora de servir.
- Para servir, solte os cheesecakes dos moldes com uma faca ao redor da borda. Decore com frutas e folhas de hortelã.

---

10 **Taça de chocolate, frutas vermelhas e cointreau** Derreta 75 g de chocolate meio amargo em uma panela e misture com 150 g de frutas vermelhas. Em uma tigela, misture 200 g de cream cheese com 3 colheres (sopa) de cointreau e 25 g de açúcar. Distribua o creme de chocolate em quatro taças de sobremesa e cubra com a mistura de cream cheese. Sirva refrigerada ou em temperatura ambiente.

20 **Pavlovas de frutas vermelhas** Misture 200 g de cream cheese com 50 g de açúcar de confeiteiro e algumas gotas de essência de baunilha. Acrescente 300 g de frutas vermelhas à mistura de cream cheese e divida-a sobre oito discos de suspiro. Derreta 50 g de chocolate meio amargo em uma panela pequena e regue sobre as pavlovas. Sirva imediatamente.

10 Carpaccio de manga e hortelã

4 porções

6 colheres (sopa) de açúcar
raspas e suco de 1 limão grande
2 colheres (sopa) de folhas de hortelã picadas, mais algumas para decorar
6-8 colheres (sopa) de água
4 mangas maduras
sorvete de creme ou baunilha para servir (opcional)

- Coloque o açúcar em uma panela pequena com o suco e as raspas de limão, a hortelã e a água. Ferva e retire do fogo. Mexa até dissolver o açúcar. Deixe esfriar.
- Enquanto isso, corte as mangas ao meio. Descasque-as e corte-as o mais fino possível.
- Disponha as fatias de manga em quatro pratos e regue com a calda de açúcar.
- Sirva com sorvete e decore com folhas de hortelã.

---

20 Mangas carameladas

Aqueça 75 g de açúcar em uma frigideira em fogo médio até derreter e dourar. Adicione 50 g de manteiga e 2 mangas descascadas e cortadas em fatias grossas e cozinhe por 5-6 minutos, até ficarem revestidas pela calda de açúcar. Adicione as raspas e o suco de 1 limão e deixe ferver por 2 minutos. Sirva quente com um punhado de hortelã picada e sorvete de creme.

30 Delícia de manga

Derreta 200 g de açúcar em uma panela em fogo médio, até ficar dourado escuro. Retire do fogo e adicione cuidadosamente 100 ml de suco de limão e 4 colheres (sopa) de hortelã picada. Volte ao fogo e mexa até que o caramelo derreta novamente. Esfrie e reserve. Bata 250 g de mascarpone, 150 ml de leite de coco e 3 colheres (sopa) de açúcar de confeiteiro até formar um creme homogêneo. Deixe esfriar. Corte 4 mangas maduras em pedaços ovais largos. Polvilhe 2 colheres (sopa) de açúcar sobre a manga, retirando os excessos. Passe em uma frigideira por 4-5 minutos. Disponha as mangas em uma travessa com o lado grelhado para cima. Sirva com o creme de coco e regue com a calda de caramelo.

Índice

As páginas em *itálico* referem-se às fotos

abacate
- batata rösti com salada de abacate, cebola roxa e tomate 58, *59*
- bolinhos de milho com guacamole 46, *47*
- ciabatta à italiana com tomate--cereja, abacate e muçarela 90
- espaguete com tomate-cereja, abacate e muçarela 90
- salada colorida de abacate e cuscuz marroquino 90, *91*
- salada de legumes e espinafre com molho de abacate 88, *89*
- salada de macarrão e salsinha 58
- salada de milho, rúcula e abacate 46

abacaxi
- abacaxi em calda de rum 260
- abacaxi caramelizado com rum 260, *261*
- espetinhos de abacaxi com especiarias 260

abóbora
- arroz de legumes com curry tailandês verde 134
- curry verde de legumes 134, *135*
- ensopado malaio de coco e legumes 194, *195*
- ravióli rápido de abóbora e sálvia 184
- sopa árabe de abóbora e batata-doce 96
- sopa de abóbora assada, tomate e sálvia 184
- tagliatelle com abóbora e sálvia 184, *185*

abobrinha
- bifum com abobrinhas refogadas 128
- bolinhos de milho e abobrinha 60, *61*
- legumes grelhados à moda mediterrânea 200
- omelete à moda grega 130, *131*
- orzo com molho cremoso de abobrinha 128, *129*
- ratatouille zás-trás 200, *201*
- refogado de abobrinha e cebolinha 118
- rigatoni com molho cremoso de abobrinha e milho ao forno 60
- rolinhos de abobrinha com pimentão 34
- salada de quinoa, abobrinha e romã 118, *119*
- salada de quinoa com abobrinha e berinjela grelhadas 118
- salada de orzo com abobrinha, hortelã e tomate-cereja 128
- sopa espessa de legumes à moda mediterrânea 200

aipo
- refogado picante de batata e aipo 70
- salpicão de aipo, cenoura e repolho à moda asiática 70
- sopa picante de batata, coentro e aipo 70, *71*

alface
- salada Caesar vegetariana com croûtons de alho e ervas 92, *93*
- salada de alface, aspargos e ovos 214
- salada de alface, ervilha, tomate e cebolinha 76
- salada de triguilho com pimentão assado e alface-romana 30, *31*
- sopa de alface, ervilha e estragão 76, *77*
- tabule de quinoa e alface 76

alho-poró
- omelete de cogumelos, alho-poró e estragão 74

amora
- chutney aromático de amora 236
- compota quente de amora e canela 270
- cranachan de amora, canela e maçã 270, *271*
- crumble de amora 236, *237*
- crumble de amora e maçã 270
- taça de creme de baunilha com amora e laranja 236

arroz
- arroz com espinafre e lentilhas verdes 86
- arroz com legumes e limão-siciliano 216
- arroz com lentilha e cogumelos 112
- arroz com queijo e legumes gratinado 108
- arroz-doce com limão e coco 274
- arroz oriental com cogumelos, brócolis e feijão-preto 182
- arroz oriental com salada verde asiática 84
- arroz pilaf picante com temperos verdes e nozes 80
- caldo picante de feijões e arroz 142
- caldo picante rápido de arroz 196
- fritada indonésia de arroz e ovos 196
- kedgeree com mix de feijões 142, *143*
- pilaf com grão-de-bico e ervas 166
- pilaf picante com frutas 178, *179*
- pilaf picante de beterraba 132
- risoto de aspargos com feijão-verde e pesto 148
- risoto de estragão e cogumelos 44
- risoto de limão-siciliano e ervas 216, *217*
- risoto rápido de beterraba e ervas 132
- salada de arroz com pepino e ervas 138
- salada de arroz, tomate e mix de feijões 142
- salada de pepino, tomate e arroz basmati 108, *109*
- salada morna de arroz mediterrâneo 124
- sopa de arroz oriental com ovo e verduras 84, *85*

aspargos
- aspargos grelhados com molho de alcaparras e ovos 214, *215*
- bolinhos de udon com aspargos grelhados 218
- bruschetta de aspargos grelhados com queijo fontina 180
- cavatappi com aspargos, vagem e pesto 148, *149*
- crepe italiano de aspargos e queijo fontina 180, *181*
- lamen de udon, aspargos e feijão 218
- macarrão udon com aspargos 218, *219*
- ovos à florentina 32, *33*
- risoto de aspargos com vagem e pesto 148
- salada de alface, aspargos e ovos 214
- salada de batata com aspargos e pesto 148
- salada morna de aspargos com ovos fritos 32
- suflê de aspargos com ervas e queijo fontina 180
- tortilha de aspargos e tomate à moda espanhola 214
- tortilha de espinafre, aspargos e ovos 32

azeitonas
- legumes grelhados à moda mediterrânea 200
- omelete à moda grega 130, *131*

ratatouille zás-trás 200, *201*
rigatoni ao pesto de hortelã, azeitona e feta com legumes assados 48
salada de melancia, azeitonas, vagem e feta 100, *101*
salada grega clássica 130
salada marroquina de laranja e azeitonas pretas com feta 100
salada morna de ditalini à moda grega 130
sopa de pepino com ervas, azeitonas e quinoa 138
tabule de quinoa com ervas, azeitonas e pepino 138, *139*

banana
bolinhos de banana, coco e limão 274, *275*
panqueca de chocolate e banana 240

batata
batata rösti com salada de abacate, cebola roxa e tomate 58, *59*
blinis de batata com beterraba e cebolinha-francesa 54, *55*
caldo de batata com cebolinha 58
ensopado de espinafre e batata 50
gratinado de batata com mostarda e cebolinha 106
purê de batata com beterraba e cebolinha-francesa 54
refogado de batata com milho e pimentão 162
refogado de espinafre e batata 50
refogado picante de batata e aipo 70
salada de batata com aspargos e pesto 148
salada de batata com frutas 106, *107*
salada russa 114, *115*
sopa de batata e cebolinha-francesa 54
sopa picante de batata, coentro e aipo 70, *71*
tortilha de espinafre e batata 50, *51*

batata-doce
ravióli com batata-doce, tomate e rúcula 190, *191*
ravióli gratinado com batata-doce e tomate-cereja ao molho de limão--siciliano 190
sopa árabe de abóbora e batata-doce 96

baunilha
biscoitos de chocolate branco, baunilha e cereja 238
crème brûlée de cereja e baunilha 238, *239*

berinjela
croquetes de berinjela à marroquina 208
legumes grelhados à moda mediterrânea 200
miniberinjela refogada com mel e especiarias 208
pappardelle com tomate e berinjela 160, *161*
pizza de tomate, muçarela e berinjela 160
ratatouille zás-trás 200, *201*
refogado de berinjela e harissa 208, *209*
rolinhos de berinjela com coalhada e tomate seco 34, *35*
salada de berinjela, feta e cuscuz marroquino 34
salada de berinjela grelhada, tomate e manjericão 160
salada de quinoa com abobrinha e berinjela grelhadas 118

beterraba
assado de beterraba e maçã 72
blinis de batata com beterraba e cebolinha-francesa 54, *55*
penne com beterraba e ervas 132, *133*
pilaf picante de beterraba 132
purê de batata com beterraba e cebolinha-francesa 54
risoto rápido de beterraba e ervas 132
salada de beterraba e maçã 72
salada russa 114, *115*
sopa de beterraba e maçã 72, *73*

brócolis
arroz oriental com cogumelos, brócolis e feijão-preto 182
crumble de feijão-branco, legumes e nozes 222, *223*
lamen com brócolis e cogumelos ao molho de feijão-preto 182, *183*
penne com brócolis grelhados e gorgonzola 210
refogado de brócolis, cogumelo e feijão-preto 182
refogado rápido de brócolis e legumes 94
rigatoni gratinado com brócolis e mix de vegetais 94
salada morna de penne com limão--siciliano e brócolis 94, *95*
sopa espessa de brócolis e gorgonzola 210
suflê de brócolis e gorgonzola 210, *211*

cenoura
salpicão de aipo, cenoura e repolho à moda asiática 70

cereja
biscoitos de chocolate branco, baunilha e cereja 238
crème brûlée de cereja e baunilha 238, *239*
crème brûlée de cereja e framboesa 238

chocolate
biscoitos de chocolate branco, baunilha e cereja 238
croissants de chocolate com morangos 258
fondue de chocolate com morango e marshmallow 258, *259*
frutas vermelhas com caldas mescladas 248
morangos revestidos com chocolate 258
musse de chocolate com crocante de mel 240
panqueca de chocolate e banana 240
panquecas de ricota com calda de chocolate 242
petit gâteau de chocolate 240, *241*
quadradinhos de chocolate com framboesa 272
rocambole de chocolate e framboesa 272, *273*
scones com sorvete de creme e calda de chocolate 242, *243*
suflê de chocolate com framboesas 272
taça de chocolate, frutas vermelhas e cointreau 276

coco
arroz-doce com limão e coco 274
bifum picante com coco e legumes 194
bolinhos de banana, coco e limão 274, *275*
ensopado malaio de coco e legumes 194, *195*
morangos com limão, coco e cointreau 274
sopa asiática rápida de coco 194

cogumelos
arroz com lentilha e cogumelos 112
arroz oriental com cogumelos, brócolis e feijão-preto 182
cogumelos à moda rústica italiana com polenta 136, *137*
cogumelos recheados com queijo, alho e ervas 172
curry picante de cogumelos e lentilha 112
espaguete cremoso com cogumelos 172
lamen com brócolis e cogumelos ao molho de feijão-preto 182, *183*
massa com molho cremoso de cogumelo 136
mix de cogumelos com polenta grelhada 136
omelete de cogumelos, alho-poró e estragão 74
panquecas cremosas de ervas e cogumelos 172, *173*
refogado de brócolis, cogumelos e feijão-preto 182
refogado de cogumelos 74
risoto de estragão e cogumelos 44
salada de lentilha, cogumelos e pimenta-cereja 112, *113*
sopa de cogumelos e estragão 44
sopa encorpada de cogumelos 74, *75*
sopa de sobá e shitake 168
torradas de brioche com cogumelos cremosos 44, *45*

couve
fritada de linguine, couve e pecorino 144
linguine ao pesto de pecorino e couve 144, *145*

couve-flor
couve-flor gratinada com queijo 156, *157*
couve-flor rápida com queijo e mostarda156
sopa cremosa de couve-flor156

cuscuz marroquino
caldo de legumes e cuscuz marroquino 110
cuscuz com limão-siciliano e ervas 202
cuscuz marroquino 206
cuscuz marroquino com frutas 178
cuscuz marroquino com pimentão e limão em conserva 110, *111*
salada árabe de cuscuz marroquino 104
salada colorida de abacate e cuscuz marroquino 90, *91*
salada de berinjela, feta e cuscuz marroquino 34
salada de cuscuz marroquino com legumes assados 202, *203*
tagine marroquino de legumes 206, *207*

endívia
barquinhos de endívia com gorgonzola, pera e nozes 28, *29*
cozido de endívia, feijão e gorgonzola 28
endívia assada com gorgonzola 28

ervilha
arroz à jardineira 158, *159*
bolinhos de ervilha com hortelã 46
refogado rápido de brócolis e legumes 94
rigatoni gratinado com brócolis e mix de vegetais 94
salada de alface, ervilha, tomate e cebolinha 76
sopa de alface, ervilha e estragão 76, *77*
sopa do Oriente Médio com ervas e cebolinha 212
sopa leve de legumes com curry tailandês verde 134

espinafre
arroz com espinafre e lentilhas verdes 86
curry de espinafre, tomate e coco 86
curry picante de tomate-cereja e espinafre 154
dahl de espinafre com tomate-cereja 154, *155*
escondidinho de grão-de-bico e espinafre 88
fusilli com molho rico de tomate 78
fusilli com queijo, espinafre e tomate 140
lamen com pimentão e espinafre 164
ovos à florentina 32, *33*
palak paneer 56
penne com espinafre, tomate e queijo 140
quesadillas de queijo defumado, pimentão e espinafre 164, *165*
refogado de espinafre e batata 50
salada de feta grelhado, espinafre e pinholes 48
salada de legumes e espinafre com molho de abacate 88, *89*
salada de macarrão com feijão e espinafre 78
salada de ovos de codorna com espinafre 98, *99*
salada de tagliati com gorgonzola, tomate-cereja e espinafre 140, *141*
sopa de espinafre e lentilhas vermelhas 86, *87*
sopa de lentilhas, tomate e espinafre 154
sopa rústica de feijões mistos e espinafre 88
tortilha de espinafre, aspargos e ovos 32
tortilha de espinafre e batata 50, *51*
veggie cheeseburguer com espinafre, pimentão e queijo defumado 164

estragão
fusilli gratinado com estragão e queijo188
omelete de cogumelos, alho-poró e estragão 74
omelete-suflê de estragão e cheddar 188, *189*
sopa de alface, ervilha e estragão 76, *77*
suflê de queijo e estragão188

feijão
bruschetta de tomate, feijão-branco e pimenta 42, 43
bruschettas de mix de feijões 146
caldo picante de feijões e arroz 142
cavatappi com aspargos, vagem e pesto 148, 149
chilli de mix de feijões 146, *147*
chips picantes de tortilha com dip de feijão cremoso 40
cozido de endívia, feijão e gorgonzola 28
cozido de feijão-fradinho com legumes 126, 127
crumble de feijão-branco, legumes e nozes 222, 223
fusilli com molho rico de tomate 78
gratinado de feijão-branco e legumes 42
kedgeree com mix de feijões 142, *143*
lamen de udon, aspargos e feijão 218
patê de feijão-branco e nozes 222
pilaf picante com frutas 178, *179*
risoto de aspargos com vagem e pesto 148
salada colorida de feijão-fradinho e vegetais 126

salada de arroz, tomate e mix de feijões 142
salada de legumes e espinafre com molho de abacate 88, *89*
salada de macarrão com feijão e espinafre 78
salada de melancia, azeitonas, vagem e feta 100, *101*
salada de milho tex-mex 162, *163*
salada de quinoa com azeitonas, vagem e feta 100
salada morna de sobá e edamame 168
sopa de legumes e feijão-branco 222
sopa de tomate e feijão apimentada 42
sopa rica de feijão-fradinho 126
sopa rústica de feijões mistos e espinafre 88
tortilha de milho e feijão 40
tortilha mexicana assada 146
wrap de feijão e milho 40, *41*

figos
figos assados com calda de amaretto 232, *233*
salada de figo, laranja, gorgonzola e amaretto 232
taça de figo com creme de amaretto 232

framboesas
crème brûlée de cereja e baunilha 238, *239*
pavê de mascarpone com pêssego e framboesa 254, *255*
quadradinhos de chocolate e framboesa 272
rocambole de chocolate e framboesa 272, *273*
salada de pêssego e framboesa com creme de mascarpone e limão 254
suflê de chocolate com framboesa 272
zabaione de pêssego e framboesa 254

frutas tropicais
pavê de frutas tropicais 266, *267*
salada de frutas tropicais 266
torta de frutas tropicais e creme de baunilha 266

frutas vermelhas
clafoutis de frutas vermelhas 248
cheesecake de frutas vermelhas 276, *277*
frutas vermelhas com caldas mescladas 248
pavlovas de frutas vermelhas 276
smoothie de iogurte, frutas vermelhas e laranja 234
sorbet instantâneo de frutas vermelhas 248, *249*
sundae crocante de frutas vermelhas 246
taça crocante de frutas vermelhas e limão 262
taça de chocolate, frutas vermelhas e cointreau 276
taça de frutas vermelhas, kirsch e creme de baunilha 262
taça de mel, frutas vermelhas e iogurte 234, *235*
torrada de brioche e frutas vermelhas 246
torta de frutas vermelhas 262, *263*
tortinhas de frutas vermelhas e iogurte 234

grão-de-bico
escondidinho de grão-de-bico e espinafre 88
panquecas picantes de grão-de-bico 38
pilaf com grão-de-bico e ervas 166
pilaf turco de triguilho com grão-de--bico 166
salada de legumes e espinafre com molho de abacate 88, *89*
salada de triguilho com ervas e grão--de-bico 166, 167

groselha
rabanada com mirtilo e groselha 246, *247*

iogurte
cebola empanada com molho de hortelã e coentro 38, *39*
smoothie de iogurte, frutas vermelhas e laranja 234
taça de mel, frutas vermelhas e iogurte 234, *235*
taça de ruibarbo, laranja e gengibre 256, *257*
tortinhas de frutas vermelhas e iogurte 234

laranja
salada de batata com frutas 106, *107*
salada de figo, laranja, gorgonzola e amaretto 232
salada marroquina de laranja e azeitonas pretas com feta 100
smoothie de iogurte, frutas vermelhas e laranja 234
taça de creme de baunilha com amora e laranja 236
taça de ruibarbo, laranja e gengibre 256, *257*

legumes
arroz à jardineira 158, *159*
arroz com legumes e limão-siciliano 216
arroz oriental 62
crumble de feijão-branco, legumes e nozes 222, *223*
curry verde de vegetais 134, *135*
cuscuz marroquino com legumes assados 96, *97*
ensopado malaio de coco e legumes 194, *195*
macarrão tailandês com legumes refogados 62
molho para massas à moda marroquina 206
pad thai de legumes 186, *187*
pizza vegetariana 124, *125*
refogado chinês picante de legumes e tofu 204, *205*
refogado de legumes coloridos 114
rolinhos primavera de legumes 62, *63*
salada colorida de feijão-fradinho e legumes 126
salada de cuscuz marroquino com legumes assados 202, *203*
salada de legumes tailandesa 186
salada de macarrão com legumes à moda vietnamita 186
salada russa 114, *115*
sopa cremosa de legumes mistos 114
sopa de legumes e feijão-branco 222
sopa rápida de legumes assados com harissa 96
sopa rica de feijão-fradinho 126
tabule de legumes assados 202
tagine marroquino de legumes 206, *207*
vegetais chineses à moda Sichuan 158
yakisoba com legumes rápido 158

lentilhas
arroz com espinafre e lentilhas verdes 86
arroz com lentilha e cogumelos 112
curry picante de cogumelos e lentilha 112
dahl de espinafre com tomate-cereja 154, *155*
salada de lentilha, cogumelos e pimenta-cereja 112, *113*

sopa de espinafre e lentilhas vermelhas 86, *87*
sopa de lentilhas, tomate e espinafre 154
sopa de milho picante à moda jamaicana 82, *83*

limão
arroz-doce com limão e coco 274
bolinhos de banana, coco e limão 274, *275*
cubos de melancia com limão e grenadine 268, *269*
delícia de manga 278
espetinhos de melancia com calda de limão e hortelã 268
mangas carameladas 278
morangos com limão, coco e cointreau 274
refresco de melancia, limão e grenadine 268

limão-siciliano
arroz com legumes e limão-siciliano 216
cuscuz com limão-siciliano e ervas 202
cuscuz marroquino com pimentão e limão em conserva 110, *111*
merengue de limão com mirtilo 230
ravióli gratinado com batata-doce e tomate-cereja ao molho de limão--siciliano 190
risoto de limão-siciliano e ervas 216
salada de pêssego e framboesa com creme de mascarpone e limão 254
salada morna de penne com limão--siciliano e brócolis 94, *95*
taça crocante de frutas vermelhas e limão 262
tagliatelle de limão-siciliano e ervas 216
torta de limão divina 230
tortinhas rápidas de limão 230, *231*

macarrão oriental
bifum picante com coco e legumes 194
bolinhos de udon com aspargos grelhados 218
lamen com brócolis e cogumelos ao molho de feijão-preto 182, *183*
lamen com pimentão e espinafre 164
lamen de udon, aspargos e feijão 218
macarrão udon com aspargos 218, *219*
pad thai de legumes 186, *187*
salada asiática com sobá 168, *169*
salada de bifum e tofu com pimenta--Sichuan 204
salada de macarrão com legumes à moda vietnamita 186
salada morna de sobá e edamame 168
sopa de sobá e shitake 168
yakisoba com legumes rápido 158
yakisoba vegetariano 84

maçã
assado de beterraba e maçã 72
cranachan de amora, canela e maçã 270, *271*
crumble de amora e maçã 270
salada Caesar vegetariana com croûtons de alho e ervas 92, *93*
salada de batata com frutas 106, *107*
salada de beterraba e maçã 72
sopa de beterraba e maçã 72, *73*

manga
carpaccio de manga e hortelã 278, *279*
delícia de manga 278
lassi de manga e cardamomo 250
mangas carameladas 278
pavê de frutas tropicais 266, *267*
taça cremosa de manga 250, *251*
torta de frutas tropicais e creme de baunilha266
tortinhas saborosas de manga 250

massas
brodo de tortellini de ricota 102
cavatappi com aspargos, vagem e pesto 148, *149*
espaguete com pesto e tomate-cereja 198
espaguete com tomate-cereja, abacate e muçarela 90
espaguete cremoso com cogumelos 172
farfalle com tomates frescos e dois queijos 220
fusilli com queijo, espinafre e tomate 140
fusilli gratinado com estragão e queijo 188
linguine ao pesto de pecorino e couve 144, *145*
linguine com tomates, pimenta e ervas 108
massa com molho cremoso de cogumelos 136
minestrone encorpado 78
molho para massas à moda marroquina 206
orzo com molho cremoso de abobrinha 128, *129*
pappardelle com tomate e berinjela 160, *161*
penne ao molho de camembert e nozes 36
penne ao molho de muçarela de búfala 52
penne com beterraba e ervas 132, *133*
penne com brócolis grelhados e gorgonzola 210
penne com espinafre, tomate e queijo 140
penne com haloumi, rúcula e tomate--cereja 116
ravióli com batata-doce, tomate e rúcula 190, *191*
ravióli gratinado com batata-doce e tomate-cereja ao molho de limão--siciliano 190
ravióli rápido de abóbora e sálvia 184
rigatoni ao forno com tomate, pimenta vermelha e muçarela 152
rigatoni ao pesto de hortelã, azeitona e feta com legumes assados 48
rigatoni com molho cremoso de abobrinha e milho ao forno 60
rigatoni com tomate fresco, pimenta vermelha, alho e manjericão 152, *153*
rigatoni gratinado com brócolis e mix de vegetais 94
salada com tortellini, pimentão assado e rúcula 170, *171*
salada de macarrão com feijão e espinafre 78
salada de macarrão e salsinha 58
salada de orzo com abobrinha, hortelã e tomate-cereja 128
salada de penne à moda Caesar 92
salada de penne com frutas 106
salada de ravióli, rúcula e tomate 190
salada de rigatoni com pesto e antepasto 198
salada de tagliati com gorgonzola, tomate-cereja e espinafre 140, *141*
salada de tortellini de ricota 102, *103*
salada morna de ditalini à moda grega 130
salada morna de penne com limão--siciliano e brócolis 94, *95*
tagliatelle com abóbora e sálvia 184, *185*
tagliatelle de limão-siciliano e ervas 216
tortellini ao forno com pimentões 170

tortellini com molho de pimentões amarelos e vermelhos 170
tortellini gratinado 102

mel
fondue de camembert com mel e nozes 36, *37*
queijo de cabra assado com mel e pistache 24, *25*
taça de mel, frutas vermelhas e iogurte 234, *235*

melancia
cubos de melancia com limão e grenadine 268, *269*
espetinhos de melancia com calda de limão e hortelã 268
refresco de melancia, limão e grandine 268

milho
bolinhos de milho com guacamole 46, *47*
bolinhos de milho e abobrinha 60, *61*
curry de milho e pimentão vermelho 82
fritada de milho e ervas 26
fritada de milho e pimentão vermelho 162
guisado picante de milho 82
milho-verde grelhado com manteiga de ervas e pimenta 26, *27*
refogado de batata com milho e pimentão 162
rigatoni com molho cremoso de abobrinha e milho ao forno 60
salada de folhas mistas e milho 60
salada de milho tex-mex 162, *163*
salada de milho, rúcula e abacate 46
sopa de milho picante à moda jamaicana 82, *83*
sopa rápida de milho apimentada 26
tortilha de milho e feijão 40
wrap de feijão e milho 40, *41*

mirtilo
cheesecake de mirtilo 244
merengue de limão com mirtilo 230
panquecas de mirtilo 244, *245*
rabanada com mirtilo e groselha 246, *247*
rabanadas de brioche com compota de mirtilo 244

morango
bolo de morango 264, *265*
croissants de chocolate com morangos 258
fondue de chocolate com morango e marshmallow 258, *259*
morangos com limão, coco e cointreau 274
morangos revestidos com chocolate 258
pavê indiano de morango 264
sonhos de morango 264

nozes e derivados
arroz especial com nozes e frutas 178
arroz pilaf picante com temperos verdes e nozes 80
barquinhos de endívia com gorgonzola, pera e nozes 28, *29*
crumble de feijão-branco, legumes e nozes 222, *223*
fondue de camembert com mel e nozes 36, *37*
patê de feijão-branco e nozes 222
penne ao molho de camembert e nozes 36
queijo de cabra assado com mel e pistache 24, *25*
salada de feta grelhado, espinafre e pinholes 48
sanduíche aberto de camembert, nozes e tomates grelhados 36
torradas de queijo de cabra com pera e pistache 24

ovos
aspargos grelhados com molho de alcaparras e ovos 214, *215*
ciabatta com ovos de codorna e salada 98
curry de ovos e tomate 224
fritada de milho e ervas 26
fritada de milho e pimentão vermelho 162
fritada indonésia de arroz e ovos 196
huevos rancheros 150, *151*
kedgeree com mix de feijões 142, *143*
linguine ao pesto de pecorino e couve 144
nasi goreng (arroz frito da indonésia) 196, *197*
omelete à moda grega 130, *131*
omelete de cogumelos, alho-poró e estragão 74
omelete picante à moda indiana 224
omelete-suflê de estragão e cheddar 188, *189*
ovos à florentina 32, *33*
ovos apimentados com alcaparras 64, *65*
ovos fritos com pão chapatti 64
ovos mexidos apimentados 64
ovos mexidos com endro, cebolinha e cream cheese 212
ovos mexidos picantes à mexicana 150
salada Caesar vegetariana com croûtons de alho e ervas 92, *93*
salada de alface, aspargos e ovos 214
salada de ovos de codorna com espinafre 98, *99*
salada de penne à moda Caesar 92
salada morna de aspargos com ovos fritos 32
salada morna de ovos de codorna e arroz 98
salada rápida de ovos com molho curry 224, *225*
salada russa 114, *115*
suflê de queijo e estragão188
tortilha de aspargos e tomate à moda espanhola 214
tortilha de espinafre, aspargos e ovos 32
tortilha de espinafre e batata *14*, 50, *51*

pães
aspargos grelhados com molho de alcaparras e ovos 214, *215*
bocados de pão pita com homus e salada 104
bruschetta de aspargos grelhados com queijo fontina 180
bruschetta de queijo paneer temperado 56, *57*
bruschetta de tomate, feijão-branco e pimenta 42, *43*
bruschettas de mix de feijões 146
ciabatta à italiana com tomate-cereja, abacate e muçarela 90
ciabatta com ovos de codorna e salada 98
rabanada com mirtilo e groselha 246, *247*
rabanadas de brioche com compota de mirtilo 244
salada Caesar vegetariana com croûtons de alho e ervas 92, *93*
salada crocante de alface com croûtons 92
salada fatouche104, *105*
salada grega com torrada de pita 48, *49*
torrada de brioche e frutas vermelhas 246
torradas de brioche com cogumelos cremosos 44, *45*

panquecas e crepes
crepe italiano de aspargos e queijo fontina 180, *181*
panqueca de chocolate e banana 240
panquecas cremosas de ervas e cogumelos 172, *173*
panquecas de cebolinha e endro 212, *213*
panquecas de mirtilo 244, *245*
panquecas de ricota com calda de chocolate 242
scones com sorvete de creme e calda de chocolate 242, *243*

pão de ló
bolo de morango 264, *265*
pavê de frutas tropicais 266, *267*
sonhos de morango 264

pepino
salada de pepino, tomate e arroz basmati 108, *109*
sopa de pepino com ervas, azeitonas e quinoa 138
tabule de quinoa com ervas, azeitonas e pepino 138, *139*

pera
barquinhos de endívia com gorgonzola, pera e nozes 28, *29*
queijo de cabra assado com mel e pistache 24, *25*
salada de queijo de cabra grelhado, pera, radicchio e pistache 24

pêssego
pavê de mascarpone com pêssego e framboesa 254, *255*
salada de pêssego e framboesa com creme de mascarpone e limão 254
zabaione de pêssego e framboesa 254

pesto
bolinhas de muçarela de búfala empanadas e aïöli 52, *53*
cavatappi com aspargos, vagem e pesto 148, *149*
folhado de pesto e antepasto 198, *199*
fritada de linguine, couve e pecorino 144
linguine ao pesto de pecorino e couve 144, *145*
penne ao molho de muçarela de búfala 52
risoto de aspargos com vagem e pesto 148
salada de batata com aspargos e pesto 148
sopa de tomate e pesto 144

pimentão
assado de pimentão vermelho, triguilho e tomate 30
caldo de legumes e cuscuz marroquino 110
cozido de feijão-fradinho com legumes 126, *127*
curry de milho e pimentão vermelho 82
cuscuz marroquino com pimentão e limão em conserva 110, *111*
espetinhos de haloumi e pimentões mistos 192
fritada de milho e pimentão vermelho 162
lamen com pimentão e espinafre 164
quesadillas de queijo defumado, pimentão e espinafre 164, *165*
refogado de batata com milho e pimentão 162
salada com tortellini, pimentão assado e rúcula 170, *171*
salada de haloumi com pimentões e berinjela 192
salada de haloumi grelhado, pimentões mistos e rúcula 116, *117*
salada de lentilha, cogumelos e pimenta-cereja 112, *113*
salada de triguilho com legumes 30
salada de triguilho com pimentão assado e alface-romana 30, *31*
salada mediterrânea de pimentão assado 124
tagine de pimentões mistos 110
tortellini ao forno com pimentões 170
tortellini com molho de pimentões amarelos e vermelhos 170
veggie cheeseburguer com espinafre, pimentão e queijo defumado 164

queijos
arroz com queijo e legumes gratinado 108
baguete gigante com tomate, tapenade e dois queijos 220
barquinhos de endívia com gorgonzola, pera e nozes 28, *29*
bolinhas de muçarela empanadas e aïöli 52, *53*
bruschetta de aspargos grelhados com queijo fontina 180
bruschetta de queijo paneer temperado 56, *57*
ciabatta à italiana com tomate-cereja, abacate e muçarela 90
cogumelos à moda rústica italiana com polenta 136, *137*
cogumelos recheados com queijo, alho e ervas 172
couve-flor gratinada com queijo 156, *157*
couve-flor rápida com queijo e mostarda 156
cozido de endívia, feijão e gorgonzola 28
crepe italiano de aspargos e queijo fontina 180, *181*
endívia assada com gorgonzola 28
espaguete com tomate-cereja, abacate e muçarela 90
espetinho de queijo paneer 56
espetinhos de haloumi e pimentões mistos 192
farfalle com tomates frescos e dois queijos 220
folhado de pesto e antepasto 198, *199*
fondue de camembert com mel e nozes 36, *37*
fritada de linguine, couve e pecorino 144
fusilli com queijo, espinafre e tomate 140
fusilli gratinado com estragão e queijo 188
haloumi empanado em massa de cerveja 192, *193*
linguine ao pesto de pecorino e couve 144, *145*
omelete à moda grega 130, *131*
omelete-suflê de estragão e cheddar 188, *189*
orzo com molho cremoso de abobrinha 128, *129*
ovos mexidos com endro, cebolinha e cream cheese 212
palak paneer 56
panquecas de cebola, cebolinha e endro 212, *213*
pappardelle com tomate e berinjela 160, *161*
penne ao molho de camembert e nozes 36
penne ao molho de muçarela de búfala 52
penne com brócolis grelhados e gorgonzola 210
penne com espinafre, tomate e queijo 140
penne com haloumi, rúcula e tomate-cereja 116
pizza de tomate, muçarela e berinjela 160

pizza vegetariana 124, *125*
queijo de cabra assado com mel e pistache 24, *25*
quesadillas de queijo defumado, pimentão e espinafre 164, *165*
ravióli com batata-doce, tomate e rúcula 190, *191*
rigatoni ao forno com tomate, pimenta vermelha e muçarela 152
rolinhos de berinjela com coalhada e tomate seco 34, *35*
salada de berinjela, feta e cuscuz marroquino 34
salada de berinjela grelhada, tomate e manjericão 160
salada de feta grelhado, espinafre e pinholes 48
salada de figo, laranja, gorgonzola e amaretto 232
salada de haloumi grelhado, pimentões mistos e rúcula 116, *117*
salada de melancia, azeitonas, vagem e feta 100, *101*
salada de queijo de cabra grelhado, pera, radicchio e pistache 24
salada de quinoa com azeitonas, vagem e feta 100
salada de ravióli, rúcula e tomate 190
salada de tagliati com gorgonzola, tomate-cereja e espinafre 140, *141*
salada grega clássica 130
salada grega com torrada de pita 48, *49*
salada marroquina de laranja e azeitonas pretas com feta 100
salada tricolore 52
sanduíche aberto de camembert, nozes e tomates grelhados 36
sopa cremosa de couve-flor 156
sopa espessa de brócolis e gorgonzola 210
suflê de aspargos com ervas e queijo fontina 180
suflê de brócolis e gorgonzola 210, *211*
suflê de queijo e estragão 188
torradas de queijo de cabra com pera e pistache 24
torta de tomate, camembert, queijo de cabra e ervas 220, *221*
tortilha mexicana assada 146
veggie cheeseburguer com espinafre, pimentão e queijo defumado 164
wraps mediterrâneo de haloumi 116

quinoa
salada de quinoa, abobrinha e romã 118, *119*
salada de quinoa com abobrinha e berinjela grelhadas 118
salada de quinoa com azeitonas, vagem e feta 100
sopa de pepino com ervas, azeitonas e quinoa 138
tabule de quinoa com ervas, azeitonas e pepino 138, *139*
tabule de quinoa e alface 76

repolho
salpicão de aipo, cenoura e repolho à moda asiática 70

rúcula
penne com haloumi, rúcula e tomate--cereja 116
ravióli com batata-doce, tomate e rúcula 190, *191*
salada com tortellini, pimentão assado e rúcula 170, *171*
salada de haloumi grelhado, pimentões mistos e rúcula 116, *117*
salada de milho, rúcula e abacate 46
salada de ravióli, rúcula e tomate 190

ruibarbo
compota de ruibarbo e gengibre 256
crumble de ruibarbo e gengibre 256
taça de ruibarbo, laranja e gengibre 256, *257*

sálvia
ravióli rápido de abóbora e sálvia 184
sopa de abóbora assada, tomate e sálvia 184
tagliatelle com abóbora e sálvia 184, *185*

tofu
lamen de udon, aspargos e feijão 218
pad thai de legumes 186, *187*
refogado chinês picante de legumes e tofu 204, *205*
refogado de tofu à moda chinesa 204
salada de bifum e tofu com pimenta--Sichuan 204
vegetais chineses à moda Sichuan 158

tomate
assado de pimentão vermelho, triguilho e tomate 30
baguete gigante com tomate, tapenade e dois queijos 220
batata rösti com salada de abacate, cebola roxa e tomate 58, *59*
bruschetta de queijo paneer temperado 56, *57*
bruschetta de tomate, feijão-branco e pimenta 42, *43*
bruschettas de mix de feijões 146
chilli de mix de feijões 146, *147*
ciabatta à italiana com tomate-cereja, abacate e muçarela 90
curry de espinafre, tomate e coco 86
curry picante de tomate-cereja e espinafre 154
dahl de espinafre com tomate-cereja 154, *155*
espaguete com pesto e tomate-cereja 198
espaguete com tomate-cereja, abacate e muçarela 90
farfalle com tomates frescos e dois queijos 220
fusilli com molho rico de tomate 78
fusilli com queijo, espinafre e tomate 140
huevos rancheros 150, *151*
legumes grelhados à moda mediterrânea 200
linguine com tomate, pimenta e ervas 108
minestrone encorpado 78, *79*
molho à moda mexicana 150
molho frio de tomate fresco, pimenta vermelha e manjericão 152
omelete à moda grega 130, *131*
pappardelle com tomate e berinjela 160, *161*
penne com espinafre, tomate e queijo 140
penne com haloumi, rúcula e tomate--cereja 116
pizza de tomate, muçarela e berinjela 160
ratatouille zás-trás 200, *201*
ravióli com batata-doce, tomate e rúcula 190, *191*
ravióli gratinado com batata-doce e tomate-cereja ao molho de limão--siciliano 190
rigatoni ao forno com tomate, pimenta vermelha e muçarela 152
rigatoni com tomate fresco, pimenta vermelha, alho e manjericão 152, *153*
salada de alface, ervilha, tomate e cebolinha 76
salada de arroz, tomate e mix de feijões 142
salada de berinjela grelhada, tomate e manjericão 160

salada de macarrão e salsinha 58
salada de orzo com abobrinha, hortelã e tomate-cereja 128
salada de pepino, tomate e arroz basmati 108, *109*
salada de tagliati com gorgonzola, tomate-cereja e espinafre 140, *141*
salada fatouche 104, *105*
salada grega clássica 130
salada morna de ditalini à moda grega 130
salada rápida de ovos com molho curry 224, *225*
salada tricolore 52
sanduíche aberto de camembert, nozes e tomates grelhados 36
sopa de abóbora assada, tomate e sálvia 184
sopa de tomate e pesto 144
torta de tomate, camembert, queijo de cabra e ervas 220, *221*
tortilha de aspargos e tomate à moda espanhola 214
tortilha mexicana assada 146

tortas
folhado de pesto e antepasto 198, *199*
torta de frutas tropicais e creme de baunilha 266
torta de frutas vermelhas 262, *263*
torta de limão divina 230
torta de tomate, camembert, queijo de cabra e ervas 220, *221*
tortinhas rápidas de limão 230
tortinhas saborosas de manga 250

triguilho
assado de pimentão vermelho, triguilho e tomate 30
pilaf turco de triguilho com grão-de-bico 166
salada de triguilho com ervas e grão-de-bico 166, *167*
salada de triguilho com legumes 30
salada de triguilho com pimentão assado e alface-romana 30, *31*
tabule de legumes assados 202